El arte de cuidar a tu niño interior

PAIDÓS El arte de…

La colección «El arte de…» ofrece a los lectores pequeñas joyas que nos ayudarán a transformar nuestras vidas a través de las reflexiones de grandes autores.

Últimos títulos publicados:

Danny Penman, *El arte de respirar*
Thich Nhat Hanh, *El arte de cuidar a tu niño interior*
Cathy Rentzebrink, *El arte de curar un corazón*
Dalái lama y Franz Alt, *El arte de vivir éticamente*

El arte de cuidar a tu niño interior

Reencontrarse con uno mismo

Thich Nhat Hanh

PAIDÓS

Barcelona
Buenos Aires
México

Título original: *Reconciliation*, de Thich Nhat Hanh

Traducción de Agustín López Tobajas y María Tabuyo Ortega

1.ª edición, abril de 2017
6.ª impresión, abril de 2024

Ilustración de cubierta e interior: © Antart – Shutterstock

ISBN: 978-84-493-3330-9
Fotocomposición: Víctor Igual, S. L.
Depósito legal: B. 5.715-2017

El papel de este libro procede de bosques gestionados de forma sostenible y de fuentes controladas.

Impreso en España – *Printed in Spain*

El niño indigente

Las piedras preciosas están en todas partes, en el cosmos
y en el interior de cada uno.

Quiero ofrecerte un puñado de ellas a ti, querido amigo.
Sí, esta mañana te quiero ofrecer
un puñado de diamantes que brillan de la mañana a la noche.
Cada minuto de la vida es un diamante que contiene
                                    [el cielo y la tierra,
la luz del sol y el río.

Basta con respirar suavemente para que se revele el milagro:
los pájaros cantan, las flores se abren.

Aquí está el cielo azul, la blanca nube que surca los cielos,
tu mirada amorosa, tu hermosa sonrisa,
todo contenido en una única joya.

Tú, la persona más rica de la Tierra,
te comportas como un hijo pródigo;
por favor, regresa a tu patrimonio.

Ofrezcámonos unos a otros la felicidad y aprendamos
a habitar el momento presente.
Alberguemos la vida en nuestros brazos
y abandonemos el olvido y la desesperanza.

THICH NHAT HANH

Sumario

13   INTRODUCCIÓN: EL NIÑO INTERIOR

PRIMERA PARTE: ENSEÑANZAS SOBRE
LA SANACIÓN

23   Uno. La energía del mindfulness

31   Dos. Somos nuestros antepasados, somos nuestros
      hijos

42   Tres. El miedo originario, el deseo originario

49   Cuatro. Respirar, caminar y soltar

66   Cinco. Transformar el sufrimiento

81   Seis. Sanar al niño interior

93   Siete. Reconciliación

124   Ocho. Convertirse en *bodhisattva*

SEGUNDA PARTE: RELATOS SOBRE
LA SANACIÓN

139   *Ojitos*. Lillian Alnev

143   *¿Qué puedo hacer para ayudar?* Joanne Friday

147   *El yo real*. Glen Schneider

150   *Sentarse con un amigo*. Elmar Vogt

TERCERA PARTE: PRÁCTICAS SANADORAS

155   Eliminar el objeto

157   Los dieciséis ejercicios de respiración

177   Carta de tu niño interior

178   Los cinco contactos con la tierra

182   Nota de paz

183   El Nuevo Comienzo

186   Liberación emocional y movimiento físico

Introducción

El niño interior

En todos nosotros hay un niño que sufre. Todos hemos pasado por momentos difíciles en la infancia; muchos hemos vivido experiencias traumáticas. Con frecuencia tratamos de olvidar esos momentos dolorosos para protegernos y defendernos del sufrimiento futuro. Cada vez que entramos en contacto con algún tipo de sufrimiento, nos parece que no podemos soportarlo, y embutimos nuestros sentimientos y recuerdos en lo más profundo de la mente inconsciente. Puede ser que durante muchas décadas no nos hayamos atrevido a mirar a los ojos a ese niño.

Pero solo porque lo hayamos ignorado, no significa que no esté ahí. El niño herido está siempre ahí, tratando de llamar nuestra atención. Nos dice: «Estoy aquí, estoy aquí. No puedes ignorarme. No puedes huir de mí». Queremos poner fin a nuestro sufrimiento enviando al niño a un lugar profundo en nuestro interior, para que se quede tan lejos como sea posible. Sin embargo, la huida no acaba con el sufrimiento, sino que tan solo lo prolonga.

El niño herido pide cuidado y amor, pero nosotros le ofrecemos lo contrario. Escapamos porque tenemos miedo a sufrir. La losa de dolor y pena con la que cargamos en nuestro interior nos parece abrumadora. Aunque tengamos tiempo, no conectamos con nuestro interior. Tratamos de mantenernos constantemente entretenidos, ya sea viendo la televisión o alguna película, socializando o echando mano del alcohol o las drogas, porque no queremos experimentar otra vez ese sufrimiento.

El niño herido está ahí, y nosotros ni siquiera lo sabemos. El niño herido que habita en nuestro interior es una realidad, pero no lo vemos. Esa incapacidad para verlo es una especie de ignorancia. Ese niño se encuentra gravemente herido, necesita desesperadamente que nos acerquemos, pero en vez de eso, lo abandonamos.

La ignorancia reside en cada célula de nuestro cuerpo y de nuestra conciencia. Es como una gota de tinta en un vaso de agua. Esa ignorancia nos impide ver la realidad; nos empuja a hacer cosas estúpidas que nos hacen sufrir aún más y que, de nuevo, lastiman al niño ya herido en nuestro interior.

Ese niño herido está también en cada célula de nuestro cuerpo. No hay ni una sola en la que no esté presente. No tenemos que buscarlo lejos, en el pasado. Basta con que ahondemos en nuestro interior para conectar con él. El sufrimiento de ese niño herido está dentro de nosotros justo ahora, en el momento presente.

Pero así como el sufrimiento está presente en cada célula de nuestro cuerpo, también lo están las semillas de la comprensión consciente y la felicidad que nos han legado nuestros antepasados. Tan solo tenemos que utilizarlas. Tenemos una lámpara en nuestro interior, la lámpara de la atención plena, que podemos encender en cualquier momento. El aceite de esa lámpara es nuestra respiración, nuestros pasos y nuestra sonrisa tranquila. Tenemos que encenderla para que brille la luz y se disipe la oscuridad. Debemos habituarnos a encenderla.

Cuando tomamos conciencia de que hemos olvidado al niño herido en nuestro interior, sentimos una gran compasión por él y empezamos a generar la energía del mindfulness. Caminar, sentarte y respirar conscientemente son prácticas básicas. Con la respiración consciente y el caminar consciente podemos generar la energía del mindfulness y recuperar la sabiduría consciente que reside en cada célula de nuestro cuerpo. Esa energía nos abrazará y sanará, y sanará a su vez al niño herido que habita en nosotros.

Escuchar

Cuando hablamos de escuchar con compasión, solemos pensar en escuchar a otra persona. Pero debemos escuchar también al niño herido que hay en nuestro interior. A veces precisa toda nuestra atención. Ese pequeñín puede surgir desde lo más profundo de tu conciencia y reclamar tu atención. Si estás atento, oirás su voz pidiendo ayuda. En ese momento, en vez de prestar atención a cualquier otra cosa que tengas delante de ti, vuélvete y abraza con ternura al niño herido. Puedes hablarle directamente con el lenguaje del amor, diciéndole: «En el pasado te dejé solo. Escapé de ti. Ahora lo lamento mucho. Voy a abrazarte». Puedes decirle: «Querido, estoy aquí para lo que necesites. Voy a cuidarte muy bien. Sé que sufres mucho. He estado muy ocupado. Te he desatendido, pero ahora he aprendido una manera de volver a ti». Si es necesario, tienes que llorar junto a ese niño. Cada vez que lo necesites, puedes sentarte a respirar con él. «Al inspirar, vuelvo a mi niño herido; al espirar, cuido bien de mi niño herido.»

Tienes que hablar con tu niño varias veces al día; solo así conseguirás sanarle. Al abrazarle tiernamente, le aseguras que nunca le fallarás ni le desatenderás de nuevo. El pequeño se ha quedado solo durante mucho tiempo. Por eso tienes que empezar esta práctica en seguida. Si no lo haces ahora, ¿cuándo lo harás?

Si sabes cómo volver a escucharlo atentamente todos los días durante cinco o diez minutos, se producirá la curación. Cuando subas a una hermosa montaña, invita a tu niño a subir contigo. Cuando contemples la puesta de sol, invítale a disfrutarla contigo. Si lo haces durante unas semanas o unos meses, ese niño sanará sus heridas.

Con la práctica, veremos que nuestro niño herido no está únicamente en nosotros, sino que puede representar a varias generaciones. Quizá nuestra madre haya sufrido durante toda su vida. Puede que nuestro padre haya sufrido. Tal vez nuestros padres no fueron capaces de cuidar al niño herido en su interior. Por eso, cuando abrazamos al niño herido que habita en nosotros, estamos abrazando a todos los niños heridos de nuestras generaciones pasadas. Esta práctica no es solo para nosotros, sino para las innumerables generaciones de antepasados y descendientes.

Puede que nuestros antepasados no hayan sabido cuidar de su niño herido, así que nos lo han transmitido. Nuestra práctica debe poner fin a este ciclo. Si podemos sanarlo, no solo nos liberaremos a nosotros mismos, sino que ayudaremos también a liberar a quien nos haya herido o maltratado. Puede que tal vez el maltratador haya sido también víctima de los malos tratos. Hay personas que tras practicar con su niño interior durante mucho tiempo han aliviado su sufrimiento y experimentado una transformación. Sus relaciones con su familia y amigos se han vuelto mucho más fáciles.

Sufrimos porque no hemos sentido en lo más hondo de nuestro ser la compasión y la comprensión. Si generamos la energía del mindfulness, la comprensión y la compasión por nuestro niño herido, sufriremos mucho menos. Cuando conseguimos la atención plena, podemos facilitar la comprensión y la compasión, y permitimos que la gente nos ame. Antes tal vez sospechábamos de todo y de todos. La compasión nos ayuda a relacionarnos con los demás y a restablecer la comunicación.

Puede que también las personas que nos rodean, nuestros familiares y amigos, tengan un niño gravemente herido en su interior. Si conseguimos ayudarnos a nosotros mismos, podremos también ayudarles a ellos. Cuando nosotros nos hayamos sanado, la relación con los demás será mucho más fácil. Habrá más paz y amor en nosotros.

Vuelve a ti, conecta contigo y cuida de ti mismo. Tu cuerpo te necesita, tus sentimientos te necesitan, tus percepciones te necesitan. El niño herido que hay en ti te necesita. Tu sufrimiento necesita que lo reconozcas. Vuelve a ti y ocúpate de todo eso. Practica el caminar consciente y la respiración consciente. Hazlo todo con atención plena para poder estar realmente ahí, para ser capaz de amar.

Primera parte

Enseñanzas sobre la sanación

Uno

La energía del mindfulness

La energía del mindfulness o atención plena es el bálsamo que reconocerá y sanará a nuestro niño interior. Pero ¿cómo se cultiva esa energía?

La psicología budista divide la conciencia en dos partes, la conciencia mental y la conciencia-receptáculo. La conciencia mental es nuestra conciencia activa. La psicología occidental la llama «mente consciente». Para cultivar la energía de la atención plena, tratamos de implicar a la conciencia activa en todas nuestras actividades para estar realmente presentes en todo lo que hacemos. Queremos estar plenamente atentos cuando nos tomamos un té o cuando conducimos por la ciudad. Cuando andamos, queremos ser conscientes de que estamos andando. Cuando respiramos, queremos ser conscientes de que estamos respirando.

La conciencia-receptáculo, también llamada «conciencia raíz», es la base de nuestra conciencia. En la psicología occidental se denomina «mente inconsciente». Es el lugar en que se almacenan todas nuestras experiencias pasadas. La conciencia-receptáculo tiene la capacidad de adquirir y procesar información.

Con frecuencia, la mente y el cuerpo van cada uno por su lado. A veces realizamos nuestras actividades diarias sin ningún tipo de conciencia mental. Podemos hacer muchas cosas sirviéndonos tan solo de la conciencia-receptáculo, y mientras tanto, la conciencia mental puede estar pensando en otras mil cosas. Por ejemplo, cuando conducimos un coche por la ciudad, puede que la conciencia mental no esté pensando en absoluto en conducir, pero aun así podemos llegar a nuestro destino sin perdernos ni tener un accidente. En esa situación, la conciencia-receptáculo funciona por su cuenta.

La conciencia es como una casa en la que el sótano es la conciencia-receptáculo, y el salón, la conciencia mental. Las formaciones mentales como la ira, la pena o la alegría reposan en la conciencia-receptáculo en forma de semillas (*bija*). Tenemos semillas de ira, desesperación, discriminación, miedo; tenemos también semillas de atención plena, compasión, comprensión, etcétera. La conciencia-receptáculo la conforman todo el conjunto de semillas, y es a su vez la tierra que las preserva y las sustenta. Las semillas están ahí hasta que oímos, vemos, leemos o pensamos algo que activa una semilla y nos hace sentir ira, alegría o pena. Esta es la semilla que asciende al nivel de la conciencia mental y se manifiesta en ella, en nuestro cuarto de estar. Ahora ya no la llamamos «semilla», sino «formación mental».

Cuando alguien activa la semilla de la ira, diciendo o haciendo algo que nos trastorna, esa semilla de la ira subirá al piso superior y se manifestará en la conciencia mental como la formación mental (*cittasamskara*) de la ira. La palabra *formación* es un término budista para algo que se crea mediante la agrupación de muchas condiciones. Un rotulador es una formación; mi mano, una flor, una mesa, una casa, todo eso son formaciones. Una casa es una formación física. La mano es una formación fisiológica. La ira es una formación mental. En la psicología budista hablamos de cincuenta y una variedades de semillas que pueden manifestarse como cincuenta y una formaciones mentales. La ira es solo una de ellas. En la conciencia-receptáculo, a la ira se la llama «semilla»; en la conciencia mental se la denomina «formación mental».

Cada vez que una semilla (por ejemplo, la semilla de la ira), suba a nuestro salón y se manifieste como una formación mental, lo primero que debemos hacer es activar la semilla de la atención plena e invitarla también a subir. En ese momento tendremos dos formaciones mentales en el salón. En eso consiste la atención plena de la ira. El mindfulness se refiere siempre a ser plenamente consciente de algo. Cuando respiramos conscientemente, prestamos plena atención a la respiración. Cuando caminamos conscientemente, prestamos plena atención al hecho de caminar. Cuando comemos conscientemente, prestamos plena atención a la comida. Por eso, en este caso, el mindfulness consiste en ser plenamente consciente de la ira. La atención plena reconoce y abraza la ira.

Esa práctica se basa en comprender la no dualidad: la ira no es nuestra enemiga. Tanto la atención plena como la ira forman parte de nosotros mismos. La atención plena no está ahí para reprimir la ira o combatirla, sino para reconocerla y cuidarla. Es como un hermano mayor que cuida a su hermano pequeño. Así, la energía de la atención plena reconoce y abraza con ternura la energía de la ira.

Cada vez que necesitemos la energía del mindfulness, bastará con activar esa semilla mediante la respiración consciente, el andar consciente o la sonrisa consciente, y en ese momento, la energía estará lista para abordar la tarea de reconocer, abrazar y, después, observar en profundidad y transformar. Hagamos lo que hagamos, ya estemos cocinando, barriendo, fregando o andando, al ser conscientes de la respiración, podremos seguir generando la energía del mindfulness, y fortaleceremos la semilla de la atención plena en nuestro interior. Dentro de la semilla de la atención plena está la semilla de la concentración. Con estas dos energías podemos liberarnos de las aflicciones.

La mente necesita una buena circulación

Sabemos que hay toxinas en nuestro cuerpo y que si la sangre no circula bien, esas toxinas se acumulan. Para mantener una buena salud, el cuerpo se ocupa de expulsarlas. Cuando la sangre circula bien, los riñones y el hígado pueden desempeñar su tarea de eliminar las toxinas. Podemos servirnos de un masaje para ayudar a que la sangre circule mejor.

También en nuestra conciencia puede haber una mala circulación. Podemos estar bloqueados por el sufrimiento, el dolor, la pena o la desesperación; es como si tuviéramos una toxina en nuestra conciencia. Llamamos a esto «formación interna» o «nudo interno». Abrazar el dolor y la tristeza con la energía del mindfulness es como dar un masaje a nuestra conciencia. Cuando la sangre no circula bien, los órganos no pueden funcionar correctamente y enfermamos. Cuando la psique no circula bien, la mente enferma. El mindfulness estimula y acelera la circulación para que supere los bloqueos producidos por el dolor.

Ocupar el salón

Nuestros bloqueos provocados por el dolor, la pena, la ira y la desesperación quieren subir siempre a la conciencia mental, al salón, porque se han hecho grandes y requieren nuestra atención. Quieren salir, pero nosotros no queremos que suban esos huéspedes no invitados, porque nos resulta doloroso verlos. Así que tratamos de bloquearles el paso. Queremos que se queden dormidos en el sótano. Como no queremos hacerles frente, acostumbramos a llenar el cuarto de estar con otros huéspedes. Siempre que tenemos diez o quince minutos libres, hacemos todo lo posible para mantener ocupado nuestro salón. Llamamos a un amigo. Abrimos un libro. Encendemos el televisor. Vamos a dar un paseo en coche. Esperamos que, si el salón está ocupado, esas desagradables formaciones mentales no aparecerán.

Pero todas las formaciones mentales necesitan circular. Si no las dejamos surgir, se crea una mala circulación en la psique y empiezan a manifestarse síntomas de enfermedad mental y depresión en la mente y en el cuerpo.

A veces, cuando nos duele la cabeza, nos tomamos una aspirina, pero el dolor de cabeza no desaparece. A veces, este tipo de jaqueca puede ser un síntoma de enfermedad mental. Tal vez tengamos alergias. Aunque pensemos que es un problema físico, las alergias pueden ser también un síntoma de enfermedad mental. Los médicos nos aconsejan que tomemos medicamentos, pero a veces estos seguirán reprimiendo nuestras formaciones internas, empeorando nuestra enfermedad.

Romper barreras

Si podemos aprender a no tener miedo de los nudos de sufrimiento, poco a poco empezaremos a dejar que circulen por nuestro salón. Aprenderemos a abrazarlos y a transformarlos con la energía del mindfulness. Cuando rompamos la barrera que hay entre el sótano y el salón, surgirán bloqueos de dolor y tendremos que sufrir un poco. Tal vez nuestro niño interior tenga mucho miedo y mucha ira acumulados por estar abajo, en el sótano, durante tanto tiempo. No hay forma de evitarlo.

Por eso es tan importante la práctica del mindfulness. Si no hay atención plena, es muy desagradable que esas semillas suban. Pero si sabemos cómo generar la energía del mindfulness, resulta muy curativo invitarlas a subir todos los días y abrazarlas. La atención plena es una potente fuente de energía que puede reconocer, abrazar y cuidar de esas energías negativas. Tal vez esas semillas no quieran subir al principio, tal vez haya demasiado miedo y desconfianza y sea necesario engatusarlas un poco. Después de ser abrazada durante algún tiempo, una emoción fuerte volverá al sótano y se convertirá de nuevo en semilla, más débil que antes.

Cada vez que des a tus formaciones internas un baño de atención plena, los bloqueos de dolor se harán más ligeros. Así pues, da un baño de atención plena a tu ira, desesperación y miedo todos los días. Tras varios días o semanas de subirlas a diario y ayudarlas a bajar de nuevo, crearás una buena circulación en tu psique.

La función del mindfulness

La primera función del mindfulness es reconocer en vez de luchar. Podemos pararnos en cualquier momento y tomar conciencia del niño en nuestro interior. Cuando reconocemos al niño herido por vez primera, lo único que tenemos que hacer es ser conscientes de que existe y saludarle con un «hola». Eso es todo. Tal vez ese niño esté triste. Si lo notamos, podemos inspirar y decirnos: «Al inspirar, sé que la tristeza se ha manifestado en mí. Hola, tristeza. Al espirar, cuidaré de ti».

Una vez hemos reconocido a nuestro niño interior, la segunda función del mindfulness es abrazarlo. Se trata de una práctica muy agradable. En vez de luchar contra las emociones, cuidamos de nosotros mismos. La atención plena trae consigo un aliado, la concentración. Los primeros minutos que pasemos reconociendo y abrazando con ternura a nuestro niño interior nos procurarán cierto alivio. Las emociones difíciles seguirán estando allí, pero ya no sufriremos tanto.

Después de reconocer y abrazar al niño interior, la tercera función del mindfulness es suavizar y aliviar las emociones difíciles. Solamente con estrechar al niño entre los brazos con ternura estaremos calmando nuestras emociones difíciles y podremos empezar a sentirnos a gusto. Cuando abracemos las emociones fuertes con atención plena y concentración, seremos capaces de ver las raíces de estas formaciones mentales. Sabremos de dónde procede el sufrimiento. Cuando sepamos cuál es la raíz de las cosas, disminuirá nuestro sufrimiento. Así pues, la atención plena reconoce, abraza y alivia.

La energía del mindfulness contiene la energía de la concentración, así como la energía del discernimiento. La concentración nos ayuda a centrarnos en una sola cosa. Con la concentración, la energía de la observación se vuelve más poderosa y es posible el discernimiento. El discernimiento tiene siempre el poder de liberarnos. Si la atención plena está presente, y sabemos cómo mantenerla viva, la concentración estará también presente. Y si sabemos cómo mantener viva la concentración, también aparecerá el discernimiento. La energía del mindfulness nos permite observar en profundidad y lograr el discernimiento que necesitamos para facilitar la transformación.

Dos

Somos nuestros antepasados, somos nuestros hijos

No sé si recuerdas algo del tiempo que estuviste en el vientre de tu madre. Todos pasamos allí unos nueve meses, lo cual es bastante tiempo. Supongo que algunos pueden tener todavía algún recuerdo, alguna sensación. ¿Sonreímos o lloramos durante ese tiempo? Creo que todos tuvimos la oportunidad de sonreír durante esa estancia de nueve meses. Cuando somos felices, tenemos una tendencia natural a sonreír. He visto a niños sonreír mientras duermen. Debe de haber algo maravilloso en ellos para que sonrían de ese modo.

Creo que la mayoría seguimos recordando el tiempo que pasamos en el vientre materno. Tal vez tengamos solo la impresión de que estábamos en un paraíso completamente seguro y protegido donde no teníamos que preocuparnos de nada en absoluto. Ahora hemos perdido el paraíso que había en las entrañas de nuestra madre. En vietnamita, al útero se le llama *tu cung*, «el palacio del niño».

En ese palacio, nuestra madre comía por nosotros, bebía por nosotros y respiraba por nosotros. ¿Crees que en el vientre de tu madre soñabas de vez en cuando? Todavía no habíamos visto el cielo ni los ríos del exterior. Pero en nuestros sueños podría haber algo. Tal vez mientras nuestra madre soñaba, nosotros veíamos lo mismo que ella. Si nuestra madre soñaba con algo que no era muy agradable y gritaba, puede ser que nosotros también gritáramos. Si nuestra madre sonreía, tal vez también nosotros sonreíamos. Nosotros y nuestra madre éramos algo así como una sola persona, no dos. Entre nosotros y nuestra madre había un vínculo físico que era el cordón umbilical. A través de él, nuestra madre canalizaba la comida, la bebida, el oxígeno, todo, incluido el amor.

Eso no significa que nuestro padre no nos canalizara nada durante ese tiempo. Algunos tuvimos un padre que sabía que nosotros estábamos allí y sabía cuidar muy bien de nuestra madre para que ella pudiera a su vez cuidar de nosotros. Algunos tuvimos un padre que hablaba a nuestra madre con voz amorosa o nos hablaba dulcemente a nosotros, que estábamos en el vientre de nuestra madre, sabiendo que podíamos oírle.

Algunos tuvimos una madre que nos hablaba también cuando estábamos en sus entrañas. Tal vez la oímos y le respondimos. Probablemente, de vez en cuando, nuestra madre olvidaba que estábamos allí. Por eso le dábamos una patada para recordárselo. Nuestra patada era un toque de atención, y cuando nuestra madre la sentía, podía responder algo así: «Cariño, sé que estás ahí y me siento muy feliz».

Cuando nacimos, alguien cortó el cordón umbilical. Lloramos fuerte por primera vez. Teníamos que respirar por nosotros mismos. Había mucha luz a nuestro alrededor. Nuestra madre seguía sosteniéndonos. Ahora estábamos fuera de ella, pero de algún modo todavía seguíamos dentro. Nuestra madre nos abrazaba con amor y nosotros la abrazábamos a ella. Aunque el cordón ya no estuviera allí, estábamos unidos a nuestra madre de una manera muy concreta e íntima.

«Interser»

Con la práctica de la meditación podemos seguir viendo el cordón que nos conecta a nuestra madre. Podemos ver que nuestra madre no está solo fuera de nosotros, sino también dentro. El cordón umbilical todavía sigue ahí. Cuando observamos en profundidad, vemos que existen cordones umbilicales que nos conectan con otras cosas, con otras personas. Imagina un cordón umbilical que te une al sol. El sol sale todas las mañanas, y gracias a él tenemos luz, tenemos calor. Sin el sol, sin el calor, no podemos sobrevivir. Dependemos del sol de la misma manera que un bebé depende de su madre. Así que existe un cordón umbilical que nos conecta con él. Otro cordón umbilical nos une con las nubes del cielo, porque si no estuvieran allí, no habría lluvia, ni agua para beber, ni leche, ni té, ni café, ni helados, nada. Hay otro cordón que nos conecta con el río, otro que nos vincula con el bosque. Si continuamos, veremos que estamos conectados con todo y con todos en el cosmos. Dependemos de otros seres para existir. Necesitamos a los seres vivos y a los seres inanimados como las plantas, los minerales, el aire y el agua.

Al crecer, podrías creer que tú y tu madre sois dos personas diferentes, pero no es realmente así. Somos extensiones de nuestra madre, pero creemos equivocadamente que somos una persona diferente. Somos una prolongación de nuestra madre y de nuestro padre, así como de nuestros antepasados.

Imagina que plantamos un grano de maíz en la tierra. Siete días después germina y empieza a adoptar la forma de un tallo de maíz. Cuando el tallo ha crecido alto, ya no vemos el grano. Pero el grano no ha muerto. Está todavía ahí. Si observamos en profundidad, seguiremos viendo el grano en el tallo. El grano y el tallo no son dos entidades diferentes; uno es la prolongación del otro. El tallo es la prolongación del grano si se avanza hacia el futuro, y el grano es la prolongación del tallo si se retrocede al pasado. No son la misma cosa, ni tampoco dos cosas diferentes. Tú y tu madre no sois exactamente la misma persona, pero tampoco sois exactamente dos personas diferentes. Esta es una enseñanza muy importante. Nadie puede ser solo por sí mismo. Tenemos que «interser», conectados con todos y con todo.

Si examinamos una célula de nuestro cuerpo o una célula de nuestra conciencia, reconocemos la presencia de todas las generaciones de antepasados en nosotros. Nuestros antepasados no son solo seres humanos. Antes de que apareciera el ser humano, éramos otras especies. Hemos sido árboles, plantas, hierbas, minerales, una ardilla, un ciervo, un mono y un animal unicelular. Todas estas generaciones de antepasados están presentes en cada célula de nuestro cuerpo y nuestra mente. Somos la prolongación de esa corriente de vida.

Imagina que sostengo una hoja con la mano. ¿Qué ves? Una hoja es una hoja; no es una flor. Pero, en realidad, al examinar profundamente la hoja, podemos ver muchas cosas. Podemos ver la planta, podemos ver la luz del sol, podemos ver las nubes, podemos ver la tierra. Al pronunciar la palabra *hoja*, tenemos que ser conscientes de que una hoja está formada por elementos «no hoja». Si eliminamos los elementos no hoja, como la luz del sol, las nubes y la tierra, no quedará nada de la hoja. Lo mismo sucede con nuestros cuerpos y con nosotros mismos. No somos idénticos a otros seres vivos y no vivos, pero tampoco estamos desligados de ellos. Estamos relacionados con todo, y todo está vivo.

El karma del pensamiento, la palabra y la acción

Los compositores y los pintores suelen firmar con su nombre al crear una obra musical o artística. En la vida diaria generamos pensamientos, palabras y acciones. Cuando creamos un pensamiento, lleva nuestra firma. Si examinamos nuestros pensamientos, ya sean correctos o estén equivocados, vemos que siempre llevan nuestro nombre, porque son nuestro producto. El pensamiento correcto es aquel que está de acuerdo con nuestra comprensión, compasión y discernimiento. En la vida diaria tenemos que estar atentos para generar pensamientos que estén en armonía con el pensamiento correcto. Tenemos la oportunidad de producir pensamientos correctos en cada momento de la vida. Nuestro pensamiento es la base de nuestras palabras y acciones. Transmitimos nuestros pensamientos, palabras y acciones (conocidas como *karma* en conjunto) a nuestros hijos y al mundo; ese es nuestro futuro.

Todo lo que decimos es también un producto de nuestra persona. Sean nuestras palabras correctas o erróneas, llevan nuestra firma. Lo que digamos puede causar enfado, desesperación o pesimismo. Las palabras pueden hacer daño. Por eso, el mindfulness nos permite disfrutar de pronunciar únicamente palabras correctas, el tipo de mensajes que concuerdan con nuestra comprensión, compasión, alegría y perdón. Con la práctica del mindfulness podemos generar el discurso correcto en todo momento, palabras amables que llevarán nuestra firma. Eso es lo que transmitimos a nuestros hijos y al mundo. Esa es nuestra prolongación.

También nuestras acciones físicas llevan nuestra firma. Todo lo que hagamos que ayude a proteger la vida, que contribuya a que la gente sufra menos y que exprese nuestra comprensión y compasión es una buena acción. Seamos plenamente conscientes para evitar realizar cualquier acto fruto de la violencia, el odio, el miedo y la discriminación, porque también esos actos llevarán nuestra firma. No podemos negar que son un producto propio, ya que procede realmente de nosotros. Nos producimos a nosotros mismos; producimos nuestro futuro. Tenemos que ofrecer nuestros mejores pensamientos, palabras y acciones. El mindfulness nos ayuda a saber si estamos generando lo correcto para el futuro, y nos ayuda a recordar que lo que producimos somos nosotros mismos, nuestra extensión.

Caminar con nuestros antepasados

Cuando teníamos tan solo cuatro años, probablemente pensábamos: solo soy un niño de cuatro años, un hijo o una hija, un hermanito o una hermanita. Pero, de hecho, éramos ya una madre, un padre. Todas las generaciones pasadas y futuras estaban allí, en nuestro cuerpo. Cuando demos un paso sobre la hierba verde en primavera, caminemos de tal manera que permita que todos nuestros antepasados den el paso con nosotros. La paz, la alegría y la libertad de cada paso penetrarán en cada generación de nuestros antepasados y descendientes. Si andamos con la energía del mindfulness, veremos con cada paso a incontables generaciones de antepasados y descendientes andando con nosotros.

Al respirar, debemos sentirnos livianos, tranquilos, a gusto. Respiremos de manera que todas las generaciones de antepasados y descendientes respiren con nosotros. Solo entonces estaremos respirando según las enseñanzas más sublimes. Tan solo necesitamos un poco de atención plena, un poco de concentración para poder mirar profundamente y comprender. Al principio podemos usar el método de la visualización para ver a todos nuestros antepasados dando un paso con nosotros. Gradualmente, irá desapareciendo la necesidad de visualizar. Veremos que cada paso que damos es el paso de todas las personas del pasado y del futuro.

Cuando cocinemos un plato que nos enseñó nuestra madre o nuestro padre, un plato que se ha transmitido a través de las generaciones de nuestra familia, deberíamos mirarnos las manos y sonreír, porque esas manos son las manos de nuestra madre, las manos de nuestra abuela. Quienes hicieron ese plato lo están haciendo también ahora. Cuando estemos en la cocina guisando, podemos ser plenamente conscientes; no tenemos que entrar en una sala de meditación para practicarlo.

En el pasado, ¿jugaba tu abuelo al voleibol? ¿Hacía tu abuela *footing* todos los días? ¿Tuvo la oportunidad de poner atención en el momento presente mientras andaba o corría? Cuando corramos, debemos permitir que nuestra abuela corra en nuestro interior. Tu abuela está en cada célula de tu cuerpo. Llevas a todos tus antepasados en tu interior cuando haces *footing*, cuando meditas al andar y cuando pones plena atención en el momento presente. Tal vez las generaciones anteriores no tuvieron la oportunidad de practicar así. En este momento, ya practiquemos el andar, correr o respirar conscientemente, tenemos la oportunidad de llevar felicidad y alegría a innumerables generaciones de antepasados.

Cuando nos atormentamos con preguntas como: ¿Quién soy?, ¿de dónde vengo?, ¿fui querido?, ¿cuál es el sentido de mi vida?, sufrimos porque estamos atrapados en la idea de un yo separado. Pero si observamos en profundidad, podemos practicar el no yo, que es la comprensión de que no somos un yo separado, sino que estamos vinculados con nuestros antepasados y con todos los seres vivos e inanimados.

La psicoterapia occidental pretende ayudar a crear un yo que sea estable y sano. Pero puesto que, en Occidente, la psicoterapia está todavía atrapada en la idea del yo, solo puede producir una pequeña transformación y una curación ligera; no puede llegar muy lejos. Mientras estemos atrapados en la idea de un yo separado, la ignorancia seguirá reinando en nosotros. Cuando veamos la relación íntima entre lo que es yo y lo que es no yo, se pondrá fin a la ignorancia y desaparecerán el sufrimiento, la ira, los celos y el miedo. Si podemos practicar el no yo, seremos capaces de ir más allá de las preguntas que tanto hacen sufrir a los seres humanos.

Somos una prolongación de la corriente de la vida. Tal vez nuestros padres no fueron capaces de apreciarnos, pero nuestros abuelos y nuestros antepasados querían que naciéramos. La verdad es que nuestros abuelos, nuestros antepasados, siempre quisieron que fuéramos su prolongación. Si somos capaces de aprehender esto, no sufriremos tanto por la conducta de nuestros padres. A veces nuestros padres están llenos de amor, y a veces, de ira. El amor y la ira no vienen solo de ellos, sino de todas las generaciones anteriores. Cuando logremos comprenderlo, ya no culparemos a nuestros padres de nuestro sufrimiento.

La energía del hábito

El propósito de la meditación es observar algo profundamente y ver sus raíces. Si observamos en profundidad cualquier tipo de acción que emprendamos, seremos capaces de reconocer la semilla de esa acción. Esa semilla puede proceder de nuestros antepasados. Sea cual sea la acción que emprendamos, nuestros antepasados la están emprendiendo al mismo tiempo con nosotros. Así pues, padre, abuelo y bisabuelo la realizan contigo; madre, abuela y bisabuela la realizan contigo. Nuestros antepasados están en cada célula de nuestro cuerpo. Hay semillas que se plantan a lo largo de tu vida, pero hay también semillas que fueron plantadas antes de que tú te manifestaras con ese cuerpo.

A veces actuamos sin intención, pero eso es también una acción. La «energía del hábito» nos empuja; nos impulsa a hacer cosas sin que seamos conscientes. A veces hacemos algo sin saber que lo estamos haciendo. Aunque no queramos hacer algo, aun así lo hacemos. A veces decimos: «No quise hacerlo, pero es más fuerte que yo, me empujó». Así pues, hay una semilla, una energía del hábito, que puede proceder de hace muchas generaciones en el pasado.

Es mucho lo que hemos heredado. A través del mindfulness podemos llegar a ser conscientes de la energía del hábito que se nos ha transmitido. Quizá podamos ver que nuestros padres o abuelos fueron también muy débiles, de manera semejante a nosotros. Podemos ser conscientes, sin juzgar, de que los hábitos negativos proceden de estas raíces ancestrales. Podemos sonreír a nuestros defectos, a nuestra energía del hábito. Con consciencia tenemos una posibilidad; podemos actuar de otra manera. Podemos poner fin al ciclo del sufrimiento justo ahora.

Tal vez en el pasado, cuando nos observábamos a nosotros mismos haciendo algo involuntario, algo que podemos haber heredado, nos echábamos la culpa a nosotros mismos. Nos veíamos como un yo individual, aislado, lleno de defectos. Pero con consciencia podemos empezar a transformar esas energías del hábito y a desprendernos de ellas.

Con la práctica del mindfulness identificamos que se ha producido una acción habitual. Esta es la primera toma de conciencia que nos ofrece la atención plena. A continuación, si estamos interesados, la atención plena y la concentración nos ayudarán a examinar y encontrar las raíces de nuestra acción. Esa acción puede haberla inspirado algo que sucedió ayer, o remontarse a hace trescientos años y ahondar sus raíces en uno de nuestros antepasados. Una vez tomamos conciencia de nuestras acciones, podemos decidir si son beneficiosas o no, y en caso negativo, podemos decidir no repetirlas. Si somos conscientes de las energías del hábito presentes en nosotros y podemos poner más intención en nuestros pensamientos, nuestras palabras y nuestras acciones, podemos transformarnos no solo a nosotros mismos, sino también a nuestros antepasados que plantaron esas semillas. Practicamos el mindfulness para todos nuestros antepasados y descendientes, no solo para nosotros mismos; practicamos para el mundo entero.

Cuando somos capaces de sonreír ante una provocación, podemos ser conscientes de nuestra capacidad, valorarla y seguir así. Si somos capaces de hacerlo, significa que nuestros antepasados también son capaces de sonreír a lo que les está provocando. Si una persona mantiene la calma y sonríe ante una provocación, el mundo entero tendrá más posibilidades de vivir en paz. La clave es ser conscientes de nuestras acciones. El mindfulness nos ayudará a comprender de dónde proceden nuestras acciones.

Tres

El miedo originario, el deseo originario

Nuestro miedo nació al mismo tiempo que nosotros. Durante los nueve meses que pasamos en el vientre de nuestra madre nos sentimos seguros. No teníamos que hacer nada. Era un entorno muy cómodo. Pero al nacer, la situación cambió drásticamente. Cortaron el cordón umbilical y tuvimos que aprender a respirar por nosotros mismos. Puede que tuviéramos líquido en los pulmones, y tuvimos que expulsarlo para poder hacer una primera inspiración. Que sobreviviéramos o no dependía de esas primeras respiraciones. De ahí procede nuestro miedo originario. Queremos sobrevivir. Cuando somos un tierno bebé, tenemos brazos y pies, pero no podemos usarlos. Necesitamos que alguien nos cuide. Con el miedo originario llega el deseo originario. Tenemos miedo a que nos dejen solos y a la vez queremos sobrevivir. Aunque finalmente nos convertimos en adultos, el miedo y el deseo originarios siguen estando presentes.

Miedo y deseo tienen la misma raíz: tememos morir, y por eso deseamos. Deseamos que alguien esté ahí para ayudarnos a sobrevivir. Esperamos en todo momento que esa persona llegue, nos ayude, nos proteja. Sentimos que seguimos estando indefensos, que no tenemos medios para sobrevivir por nosotros mismos. Necesitamos a otra persona. Si lo analizamos en profundidad, nos damos cuenta de que todo deseo es una prolongación de ese deseo originario. Al no haber reconocido el deseo del niño interior, nuestro deseo es imposible de satisfacer. Queremos una nueva relación, o un nuevo empleo, o más dinero. Pero una vez conseguimos todo eso, no lo disfrutamos. Surge un deseo tras otro, nunca nos detenemos.

Saber que tenemos suficiente

Buda habló de la práctica del *samtusta*, es decir, reconocer que reunimos suficientes condiciones para ser felices aquí y ahora. No necesitamos nada más. *Samtusta* se refiere a la comprensión de que el ser humano se satisface con poco. Cuando reconectamos con nosotros mismos en el momento presente, consideramos todas las condiciones de felicidad que reunimos y podemos descubrir que hay más que suficiente para que seamos felices aquí y ahora. Tenemos que dejar de perseguir cosas porque, aunque consigamos el objeto de nuestro deseo, no seremos felices y seguidamente querremos ir tras otra cosa.

Si nos sentimos lo suficientemente seguros, es posible no tener más deseos. Ya tengo bastante con mi casita. No necesito una más grande. Tengo muchas ventanas, y el paisaje es muy hermoso. Reunimos muchas condiciones para ser felices ahora; no necesitamos correr hacia el futuro para conseguir algo más. Con lo que tenemos nos basta. Una vez adoptamos ese estilo de vida, nos convertimos de inmediato en una persona feliz.

¿Cómo podemos adoptar esta sabiduría en nuestra vida moderna? Mucha gente sigue creyendo que solo podemos ser felices si tenemos mucho dinero y poder. Si miramos a nuestro alrededor, vemos a muchas personas con mucho dinero y poder, y aun así sufren un terrible estrés y una profunda soledad. En efecto, el poder y el dinero no son la respuesta. Tenemos que educarnos en el arte de vivir conscientemente.

Atrapados en el pasado

La conciencia-receptáculo es una especie de habitación donde siempre se están proyectando las películas del pasado. Es allí donde guardamos los recuerdos de traumas y sufrimientos. En principio, sabemos que el pasado ya se ha ido. Pero las imágenes del pasado siguen todavía ahí, y de vez en cuando (ya sea en sueños o despiertos) regresamos y experimentamos el sufrimiento del pasado. Tenemos tendencia a quedar presos del pasado. En principio, sabemos que el pasado ya no está ahí, que nuestros recuerdos son solo una película, imágenes del pasado. Pero las películas siguen proyectándose, y cada vez que se proyecta un filme, sufrimos de nuevo.

Supongamos que estamos en el cine y se está proyectando una película en la pantalla. Mientras la vemos sentados en la butaca, puede que creamos que es una historia real. Puede incluso que lloremos. El sufrimiento es auténtico; las lágrimas son auténticas. Pero la experiencia no está sucediendo en ese momento, es solo una película. Si te invito a que te acerques a la pantalla conmigo y la toquemos, vemos que no hay nadie allí, que solo hay luz parpadeando sobre la pantalla. No podemos hablar con las personas de la pantalla, no podemos invitarlas a tomar el té con nosotros, porque es una historia ficticia, irreal. Aun así, puede crear un sufrimiento real, una depresión real.

Es muy importante comprender que el niño interior está todavía ahí, atrapado en el pasado. Tenemos que rescatarle. Sentados de manera equilibrada, afianzándonos en el momento presente, tenemos que hablar con ese niño interior: «Querido hermanito, querida hermanita, debes saber que hemos crecido. Ahora podemos protegernos y defendernos a nosotros mismos».

La atención adecuada

Si abusaron de nosotros cuando teníamos siete años, llevaremos dentro la imagen de ese niño de siete años, vulnerable y lleno de miedo. Cuando escuchemos algo que nos recuerde nuestro sufrimiento, nos pondremos automáticamente en contacto con esa vieja imagen. Muchas cosas que vemos, oímos y experimentamos en el momento presente nos llevan de nuevo a ese sufrimiento que recordamos del pasado.

Si abusaron de nosotros cuando éramos niños, casi todo lo que veamos u oigamos puede traernos de nuevo a la mente esa imagen del abuso. Estar constantemente en contacto con esas imágenes del pasado puede dar origen a sentimientos de miedo, rabia y desesperación. A eso lo llamamos «atención inapropiada» (*ayoniso manaskara*) porque nos saca del momento presente y nos lleva a un sufrimiento del pasado. Es muy importante que cada vez que nuestra atención sea llevada a ese lugar, a ese tipo de imagen, tengamos alguna forma de hacer frente a la pena, al miedo y al sufrimiento que surjan.

El sonido de la campana es un recordatorio para que abandonemos los pensamientos y el diálogo, y volvamos a la inspiración y la espiración. El sonido de la campana puede apartarnos de la imagen de sufrimiento y recordarnos que disfrutamos respirando en profundidad, calmando el cuerpo y la mente, sonriendo. Cuando surja el sufrimiento, nuestra práctica debe ser respirar y decir: «Al inspirar, sé que el sufrimiento está en mí». La práctica debe consistir en reconocer y abrazar la formación mental. Y si lo hacemos bien, podemos ir más allá. Con atención plena y concentración, podemos regresar a la imagen y saber por qué ha surgido: tengo *esto* porque he estado en contacto con *aquello*.

Muchos de nosotros no podemos salir del mundo de las imágenes. Con la energía del mindfulness reconocemos que nuestro antiguo sufrimiento es solo una imagen, no es la realidad. Y nos damos cuenta de que la vida, con todas sus maravillas, está aquí, que es posible vivir felizmente en el momento presente, y entonces podemos cambiar toda la situación.

Aprender del sufrimiento

Nuestra capacidad para comprender el sufrimiento puede generar en nosotros compasión y amor. La felicidad no es posible si no existe comprensión, amor y compasión. La comprensión y la compasión nacen del sufrimiento. Cuando comprendemos el sufrimiento, ya no culpamos; aceptamos, somos compasivos.

Por lo tanto, el sufrimiento es útil. Si no sabemos manejar el sufrimiento, podemos ahogarnos en ese océano. Pero si sabemos cómo manejarlo, podemos aprender de él.

Tenemos tendencia a escapar del sufrimiento. En todos nosotros existe una tendencia natural a buscar placer y evitar el sufrimiento. Tenemos que enseñar a nuestra mente que, en ocasiones, el sufrimiento puede ser muy útil. Incluso podemos hablar de «la bondad del sufrimiento». Gracias al sufrimiento, empezamos a comprender. Y al comprender, podemos aceptar, podemos amar. Sin comprensión ni amor no puede haber felicidad. Por eso el sufrimiento tiene que ver con la felicidad. No deberíamos tener miedo al sufrimiento. Deberíamos ser capaces de soportarlo y examinarlo en profundidad, de abrazarlo con ternura y aprender de él. Tenemos que saber que podemos aprender del sufrimiento. La bondad del sufrimiento es real. Sin sufrimiento no puede haber felicidad. Sin barro no puede haber flores de loto. Por eso, si sabes «cómo» sufrir, el sufrimiento está bien. Y en el momento en que adoptas esa actitud, ya no sufres mucho. Además, del sufrimiento puede florecer la flor de loto de la felicidad.

Los Cinco Recordatorios

Buda dijo que todos tenemos la semilla del miedo, pero la mayoría la reprimimos y lo encerramos en la oscuridad. Para ayudarnos a identificar, abrazar y examinar en profundidad las semillas del miedo, nos ofreció una práctica llamada los «Cinco Recordatorios», que son los siguientes:

1. *Por mi naturaleza estoy destinado a envejecer. No hay forma de huir del envejecimiento.*
2. *Por mi naturaleza estoy destinado a caer enfermo. No hay forma de huir de la enfermedad.*
3. *Por mi naturaleza estoy destinado a morir. No hay forma de huir de la muerte.*
4. *Todo cuanto quiero y las personas a las que amo tienen la naturaleza del cambio. No hay forma de evitar tener que separarme de todo ello. No puedo retener nada. Vengo con las manos vacías y me voy con las manos vacías.*
5. *Mis acciones son lo único que realmente me pertenece. No puedo huir de las consecuencias de mis acciones. Ellas son la base que me soporta.*

Todos los días tenemos que recitar esos cinco recordatorios, dedicando unos momentos a contemplar cada uno de ellos mientras seguimos atentamente la respiración. Practicamos los Cinco Recordatorios para que la semilla del miedo pueda circular. Debemos invitarla a subir para que pueda ser reconocida, para que pueda ser abrazada. Y entonces, cuando regrese de nuevo abajo, se hará más pequeña.

Cuando invitemos de ese modo a la semilla del miedo, estaremos mejor preparados para cuidar de la ira. El miedo da vida a la ira. No tenemos paz cuando está presente el miedo, por eso se convierte en el suelo en el que puede crecer la ira. El miedo se basa en la ignorancia. La falta de comprensión es también una de las principales causas de la ira.

Cuatro
Respirar, caminar y soltar

La respiración es un vehículo maravilloso para llevarnos de vuelta al cuerpo, a los sentimientos y a la mente. No necesitamos mucho tiempo si sabemos cómo usar conscientemente la respiración. Respirar es algo que hacemos todos los días, pero la mayoría de las personas no respira conscientemente, por eso no pueden regresar al cuerpo y a los sentimientos.

Nuestra práctica consiste en volver siempre al momento presente, al aquí y ahora. Solo en el aquí y el ahora podemos conectar profundamente con la vida. Aprender a vivir profundamente cada momento de la vida diaria es nuestra auténtica práctica. La respiración consciente puede devolvernos siempre al aquí y ahora. Si perdemos la respiración consciente, perderemos el momento presente.

Podemos ser conscientes al caminar, al asearnos y también al comer. Hay muchas maneras de volver al aquí y ahora para conectar profundamente con la vida. Pero todas ellas implican la respiración consciente. Si estamos anclados en la respiración consciente, podemos practicar mindfulness en cualquier momento. De otra manera, nos arriesgamos a dejar escapar nuestra vida, aquella que se vive en el aquí y ahora.

La respiración consciente es la base de la práctica del mindfulness. Al practicar la respiración consciente, hacemos que la mente vuelva al cuerpo y establecemos nuestra verdadera presencia. La energía del mindfulness abarca la amistad y la bondad en su interior. No podemos ser amigos de nosotros mismos o de cualquier otra persona si no estamos verdaderamente presentes. No podemos ser amigos hasta que hayamos desarrollado compasión.

Al practicar la respiración consciente, nos hacemos realmente amigos de nuestro cuerpo, nuestras emociones, nuestra mente y nuestras percepciones. Solo cuando hayamos desarrollado una auténtica amistad con nosotros mismos podremos efectuar alguna transformación en esos distintos terrenos. Si queremos reconciliarnos con la familia o con los amigos que nos hayan hecho daño, tenemos que cuidar primero de nosotros mismos. Si no somos capaces de escucharnos, ¿cómo vamos a escuchar a los demás? Si no sabemos cómo reconocer nuestro propio sufrimiento, no será posible introducir paz y armonía en nuestras relaciones.

Identificar y calmar los sentimientos dolorosos

Todos tenemos cierta dosis de enfermedad en el cuerpo y en la mente. La mejor manera de sanar es comenzar por detenerlo todo y estar totalmente en el presente. Esto permite que cuerpo y mente se curen a sí mismos. Cuando prestamos atención a la respiración, la inspiración y la espiración se vuelven tranquilas y relajadas. Cuando andamos con atención y nos limitamos a caminar, sin pensar y sin que nada nos saque de nosotros, comenzamos ya a sanar.

Cuando la mente se ve arrebatada por un dolor fuerte, nos ayuda el hecho de volver a inspirar y espirar de forma relajada y tranquila. Al cabo del tiempo, si sentimos que regresa ese sentimiento doloroso, lo aceptaremos como es, en vez de permitir que nos arrastre y nos perturbe más. No luchamos contra ese sentimiento doloroso porque sabemos que forma parte de nosotros, y no queremos luchar contra nosotros mismos. El dolor, la irritación y los celos son parte de nosotros. Cuando surgen, podemos calmarlos volviendo a inspirar y espirar. La respiración tranquila calmará esas emociones fuertes.

Cuando una emoción se calma, podemos observar las raíces de nuestro sufrimiento y comprender que quienes nos causan dolor también están sufriendo. Habitualmente, cuando sufrimos, pensamos que somos la única persona que sufre y que los demás son muy felices. Pero, en realidad, es probable que quien nos hace daño tenga también un profundo dolor y no sepa cómo manejar sus emociones fuertes. Al respirar conscientemente, generamos la energía del mindfulness y podemos comprender cómo manejar nuestro sufrimiento y el del otro con compasión.

Cuando nos hieren, tenemos dos formas posibles de pensar. Podemos pensar de manera que nos enfademos más y busquemos venganza. O podemos tratar de tranquilizarnos, recurrir a la compasión y la comprensión y procurarnos una mente en paz. Este método nos ayudará a ver que también la otra persona sufre, y la ira se disipará.

Relajación profunda

Si el cuerpo no está tranquilo, si tenemos demasiadas emociones fuertes, la respiración no puede ser tranquila. Cuando practicamos el ejercicio de la respiración consciente, observamos que la respiración se hace más calma, más profunda, más armoniosa, y se relaja la tensión de la respiración. Respirar conscientemente nos lleva de nuevo a la respiración, y si continuamos, nos lleva a todo el cuerpo. Volvemos al cuerpo y nos reconciliamos con él. Conseguimos saber lo que ocurre en el cuerpo, los errores que hemos cometido, los conflictos que tenemos, y sabremos qué hacer y qué no hacer para estar en buena sintonía con el cuerpo. A través de la respiración consciente llegamos a reconocer nuestro cuerpo como nuestro hogar. Podríamos decir:

> *Al inspirar, soy consciente de mi cuerpo.*
> *Al espirar, sonrío a todo mi cuerpo.*

Es muy agradable reconocer nuestro cuerpo y sonreírle. Si tenemos diez o quince minutos, podemos probar la práctica curativa de la relajación profunda. Para hacerla, buscaremos una postura cómoda, idealmente tumbados, y volveremos a la respiración:

> *Al inspirar, soy consciente de mi inspiración.*
> *Al espirar, soy consciente de mi espiración.*

Podemos tumbarnos y limitarnos a inspirar y espirar, disfrutando de la presencia de nuestro cuerpo. Daremos al cuerpo la oportunidad de estar ahí sin hacer nada. Esa es la relajación total, la práctica del amor dirigida al cuerpo.

Empezaremos a prestar atención a todo el cuerpo, y luego a sus diferentes partes:

> *Al inspirar, soy consciente de todo mi cuerpo.*
> *Al espirar, libero toda la tensión de mi cuerpo.*

Podemos empezar con la cabeza y terminar con los dedos de los pies. O podemos empezar con los dedos de los pies y seguir en dirección ascendente. Usamos la mente plenamente consciente para reconocer que cierta parte del cuerpo está ahí. La reconocemos y la abrazamos con la energía del mindfulness, y permitimos que esa parte del cuerpo se relaje y libere la tensión.

Luego empezamos a practicar siendo conscientes de cada parte del cuerpo:

> *Al inspirar, soy consciente de mi cerebro.*
> *Al espirar, sonrío a mi cerebro.*

Podemos hacer una inspiración y una espiración por cada parte del cuerpo, o podemos dedicar a cada parte diez inspiraciones y diez espiraciones. Pasaremos por todas las partes del cuerpo. En la práctica, examinaremos nuestro cuerpo con una especie de rayo de atención plena.

Al inspirar, soy consciente de mis ojos.
Al espirar, sonrío a mis ojos.

Dejaremos que los ojos liberen la tensión, porque con frecuencia están tensos. Por eso es muy bueno sonreír, porque relaja el rostro, y podemos enviar esa sonrisa a partes diferentes del cuerpo.

En el rostro hay cientos de músculos, y cuando nos enfadamos o sentimos miedo, esos músculos soportan mucha tensión. Pero si sabemos inspirar y ser conscientes de que están ahí, y espirar y sonreírles, podremos ayudarlos a liberar la tensión. El rostro puede ser completamente distinto después de una inspiración y una espiración. Una sonrisa puede obrar un milagro. Permito a los ojos liberar la tensión y les envío una sonrisa. Tan solo toma conciencia de tus ojos y sonríeles amorosamente. Nuestros ojos son muy hermosos.

Luego, pasaremos a los oídos:

Al inspirar, soy consciente de mis oídos.
Al espirar, sonrío a mis oídos.

Cuando lleguemos a los hombros, practicaremos así:

Al inspirar, soy consciente de mis hombros.
Al espirar, sonrío a mis hombros.

Ayudaremos a los hombros a relajarse y a no estar rígidos. Cuando lleguemos a los pulmones, los abrazaremos así:

Al inspirar, soy consciente de mis pulmones.
Al espirar, sonrío a mis pulmones.

Trabajan mucho, y no les damos suficiente aire limpio.

Al inspirar, soy consciente de mi corazón.
Al espirar, sonrío a mi corazón.

Mi corazón late día y noche. Por lo tanto, tengo que dejar de fumar y de beber alcohol para cuidar realmente de mi corazón.

Así pasaremos por todo el cuerpo, escaneándolo con la luz de la atención plena, reconociéndolo, abrazándolo, sonriéndole. Nos tomaremos tiempo (quizá diez, quince o veinte minutos) para escanear el cuerpo lentamente, con la energía del mindfulness. Al sonreír a cada parte, ayudaremos a que esa parte suelte tensión.

Si llegamos a una parte del cuerpo que esté enferma o débil, podemos detenernos más en ella y dedicar tiempo a reconocerla y abrazarla. Usamos la energía del mindfulness para abrazarla, sonreírle y ayudarla a liberar la tensión. Cuando hay un dolor físico, la atención plena nos permitirá saber que es solamente un dolor físico. Y con ese tipo de consciencia, nos sentiremos más relajados y podremos sanar más rápidamente.

No hay distinción entre el medio y el fin

Al andar conscientemente, nuestros pasos dejan de ser un medio para llegar a ser un fin. Cuando andamos hasta la cocina para servirnos la comida, no tenemos que pensar: «Tengo que andar hasta la cocina para ir a buscar comida». Con el mindfulness podemos decir: «Disfruto andando hasta la cocina», y cada paso es un fin en sí mismo. No hay ninguna distinción entre el medio y el fin. No hay camino a la felicidad, la felicidad es el camino. No hay ningún camino hacia la iluminación, la iluminación es el camino.

Cada vez que damos un paso consciente estamos inmersos en un acto de iluminación. Puede iluminarnos el hecho de estar dando un paso. Cada paso puede tener belleza en sí mismo. Fregar un plato puede ser un acto de iluminación. ¡Es maravilloso fregar los platos!

Ocuparse de los sentimientos dolorosos

Cuando sabes cómo cuidar bien tu cuerpo a través del mindfulness, puedes empezar a entrar en el dominio de los sentimientos. Meditar sobre los sentimientos significa ser consciente de cada sentimiento que surge, sea este agradable, desagradable, neutro o mixto. Antes de ocuparnos de los sentimientos dolorosos, debemos aprender primero a ocuparnos de los no dolorosos.

Buda nos aconseja crear el sentimiento de alegría y felicidad para nutrirnos de él antes de afrontar cualquier sentimiento doloroso. Igual que un cirujano puede considerar que un paciente está demasiado débil para someterse a una operación y le recomienda que primero descanse y se alimente bien a fin de prepararse para la intervención, así nosotros necesitamos fortalecer la base de la alegría y la felicidad antes de centrarnos en el sufrimiento. Podemos empezar con la alegría. La alegría y la felicidad están siempre ahí, en forma de semillas, en la conciencia.

Al inspirar, soy consciente del sentimiento de alegría que hay en mí.
Al espirar, sonrío al sentimiento de alegría que hay en mí.
Al inspirar, soy consciente del sentimiento de felicidad que hay en mí.
Al espirar, sonrío al sentimiento de felicidad que hay en mí.

Dejar atrás

¿Cómo podemos generar los sentimientos de alegría y felicidad que necesitamos a fin de ser lo suficientemente fuertes como para hacer frente al sufrimiento? Lo primero que hay que hacer es relajarse, soltar. La alegría nace del hecho de soltar, de dejar atrás.

Supongamos que vivimos en una gran ciudad como Nueva York o París y sufrimos por el ruido, el humo, el polvo. Tal vez queramos escapar al campo para pasar el fin de semana. Podemos tardar una hora en salir de la ciudad, pero si podemos hacerlo, vale la pena. Cuando vamos al campo, sentimos el aire fresco, vemos las montañas, los árboles, las nubes, el cielo azul, y nos sentimos muy felices por haber podido dejar atrás la ciudad y experimentar esa belleza.

Pero es importante tener claro que no podremos mantener esa alegría y felicidad durante mucho tiempo. En unas semanas querremos volver a París o Nueva York. Todos lo hemos experimentado. Somos muy felices durante los primeros días que pasamos en el campo, pero no tenemos la capacidad de nutrir y mantener la alegría y la felicidad durante mucho tiempo. Sufrimos, deseamos volver; creemos que nuestro hogar está «allí»; hogar, dulce hogar. Por eso, cuando regresamos a París o Nueva York, también sentimos alegría y felicidad, porque hemos vuelto a nuestro hogar..., aunque solo sea para seguir sufriendo más adelante. Así, andamos continuamente yendo y viniendo de un lado a otro. En la sociedad moderna, mucha gente tiene una segunda residencia para poder huir de su situación durante algún tiempo y luego regresar.

Alegría y felicidad son pasajeras. Tienen que alimentarse para durar más tiempo. Si no conocemos el arte de alimentar la alegría y la felicidad, morirán. Después de algún tiempo, perdemos la capacidad de disfrutar de la alegría y la felicidad que tenemos a mano. Esa alegría y esa felicidad pueden ser nutritivas y curativas, pero no son lo bastante profundas como para transformar el sufrimiento profundo que está en el fondo de la conciencia.

Bajo la superficie

En la superficie del océano hay quietud. Pero por debajo hay corrientes ocultas. Si con la práctica del mindfulness no hemos logrado expulsar el bloqueo de sufrimiento que nos han transmitido nuestros antepasados, nuestros padres, solo podremos disfrutar de esa fina capa de tranquilidad durante un período de tiempo. De vez en cuando, el bloqueo de sufrimiento que subyace en las profundidades saldrá a la superficie. Por eso, no basta con aferrarse a ese tipo de alegría y felicidad. Empezamos a tener problemas e ignoramos cuál es nuestro problema real, nuestro sufrimiento real. Nuestro sufrimiento puede ser el sufrimiento de nuestro padre, que nos ha transmitido como parte de su herencia. El sufrimiento que nuestra madre no pudo transformar nos lo ha transmitido a nosotros. Con una práctica superficial solo podremos conseguir una calma, alegría y felicidad superficiales. Ese tipo de práctica no es lo suficientemente fuerte ni eficaz para transformar el gran sufrimiento que está en la base de nuestra conciencia.

Puesto que desconocemos cuál es la naturaleza de nuestro sufrimiento, nuestra conciencia no es capaz de enfocar e identificar el sufrimiento oculto en las profundidades del inconsciente. Por eso echamos la culpa del sufrimiento a esto o aquello. Creemos que hay personas o asuntos que son la causa de nuestra infelicidad. Si vivimos en una familia o comunidad, puede que pensemos: «Mi familia no muestra suficiente respeto por el medio ambiente», o «esta comunidad sigue discriminando a gays y lesbianas», etcétera. Hay muchas cuestiones así, muchos temas sociales. Y puesto que ignoramos cuál es nuestro sufrimiento real, tenemos tendencia a echar la culpa a cosas como esas, que consideramos la causa de nuestra infelicidad. Esa es la razón de que tengamos que volver a nosotros mismos para tratar de reconocer el sufrimiento y abrazarlo. En el proceso puede que tengamos que sufrir un poco.

En Asia hay un fruto llamado «melón amargo». La palabra vietnamita para «amargo» es *kho*. *Kho* significa también «sufrimiento». Lo que es amargo produce sufrimiento; eso sí que es llamar a las cosas por su nombre. Si no estamos acostumbrados a comer melón amargo, puede que lo pasemos mal o no nos guste cuando lo probemos. La medicina china cree que el amargor es bueno para la salud. Aunque sea amargo, al comerlo, nos parece refrescante y fresco. Hay quienes prefieren llamarlo «melón refrescante». Pero aunque sea refrescante, sigue siendo amargo. Los que comemos melón amargo lo disfrutamos. Nos parece que su sabor amargo es bueno; es amargo pero delicioso, y nos hace bien.

Soltar

Cierto día, Buda estaba sentado en el bosque con algunos monjes cuando pasó por allí un campesino. Acababa de perder sus vacas, que se habían escapado. Preguntó a los monjes si las habían visto pasar por allí. Buda respondió: «No, no hemos visto a tus vacas por aquí; tal vez tengas que buscarlas en otra parte». Cuando el campesino se había ido, Buda se volvió a sus monjes y, sonriendo, les dijo: «Queridos amigos, deberíais estar felices. No tenéis vacas que podáis perder».

Un ejercicio práctico que podemos hacer es escribir en un trozo de papel los nombres de nuestras vacas. A continuación analizaremos en profundidad si somos capaces de soltar algunas. Puede que hayamos pensado que esas cosas eran cruciales para nuestro bienestar, pero si lo examinamos en profundidad, podremos comprender que son el obstáculo a la verdadera alegría y felicidad.

Recuerdo a un hombre de negocios de Alemania que fue a un retiro y se rio mucho cuando escuchó la historia de la liberación de las vacas. Le invité a volver, pero dijo que estaba demasiado ocupado. Era un hombre de negocios y tenía que ir a Italia por trabajo, y tenía muchas cosas que hacer, así que se despidió. Al día siguiente, le vi sentado entre los asistentes. Me sorprendió. Me dijo que estaba a mitad de camino hacia Italia cuando se dio la vuelta. Fue capaz de soltar una vaca que había pensado que tenía que retener. Era muy feliz.

El mindfulness

La primera fuente de alegría y felicidad es soltar. Pero si nos limitamos a dejar ir, solo tendremos una felicidad efímera, superficial. La segunda fuente de felicidad es el mindfulness. Supongamos que estamos con un grupo de gente contemplando la salida del sol. Si la mente está ocupada con proyectos o preocupaciones, con el pasado o el futuro, no podremos estar realmente ahí para contemplar y disfrutar a fondo la belleza del amanecer, porque falta la atención plena. Si conectamos con la inspiración y la espiración, y practicamos la respiración profunda y consciente, podemos devolver por completo a la mente al momento presente. Podemos liberarnos del pasado, del futuro, de los proyectos, y aunar cuerpo y mente. El mindfulness nos ayuda a estar plenamente presentes para presenciar, contemplar y disfrutar profundamente del paisaje del amanecer.

Supongamos que una amiga que ha hecho un largo viaje para visitarnos toma una taza de té con nosotros. La atención plena ayuda a que el tiempo que pasamos con ella sea un momento que no olvidaremos. No pensamos en nada en particular. No pensamos en el trabajo, ni en los proyectos. Tan solo centramos la atención en ese momento en el que estamos con nuestra amiga. Somos plenamente conscientes de que ella está allí y de que podemos sentarnos con ella y disfrutar de una taza de té. El mindfulness nos ayuda a saborear intensamente la alegría de cada momento.

Existe una pequeña diferencia entre alegría y felicidad. Imagina que estamos viajando por el desierto y nos quedamos sin agua y tenemos mucha sed. De repente, vemos un oasis delante de nosotros. Sabemos que allí habrá árboles y un lago del que podremos beber. Ser conscientes de ello nos procura alegría. Sabemos que tendremos la oportunidad de descansar y beber agua; ese sentimiento se llama «alegría». Cuando llegamos al oasis y nos sentamos a la sombra de los árboles, nos arrodillamos, formamos un cuenco con las manos y bebemos agua, eso es felicidad. La alegría contiene en sí un cierto elemento de excitación.

Si tenemos un dolor físico durante la meditación sentada, la meditación andando o la relajación profunda, es porque no la hacemos bien. No tenemos que sufrir a causa de la meditación; no supone un duro esfuerzo. La meditación debería nutrirnos de alegría y felicidad. Si conseguimos suficiente alegría y felicidad, seremos lo bastante fuertes como para gestionar los bloqueos de dolor, pena y desesperación que hay en nosotros.

Lavarnos los dientes, prepararnos el desayuno, caminar hasta la sala de meditación, todo lo que hacemos, cada paso, cada respiración, debería proporcionarnos alegría y felicidad. La vida ya está llena de sufrimiento, no es necesario que creemos más.

Dejar que Buda respire

Hace varios años estaba yo en Seúl, Corea del Norte. La policía lo había organizado todo para que pudiéramos realizar una meditación caminando por la ciudad; habían despejado el camino. Cuando llegó el momento de dirigir la meditación, me di cuenta de que era muy difícil andar porque me rodeaban cientos de cámaras. No había ningún camino que recorrer. Le dije a Buda: «Querido Buda, abandono. Camina tú por mí». Buda vino inmediatamente y caminó. El camino se despejó. Después de esta experiencia, escribí una serie de poemas para la práctica que pudieran usarse en cualquier momento, pero especialmente en aquellos en los que andar o respirar es un problema.

Que Buda respire,
que Buda camine.
No tengo que respirar,
no tengo que caminar.

Buda está respirando,
Buda está caminando.
Disfruto del respirar,
disfruto del caminar.

Buda es el que respira,
Buda es el que camina.
Yo soy el respirar,
yo soy el caminar.

Solo existe el respirar,
solo existe el caminar.
No hay nadie que respire,
no hay nadie que camine.

Paz mientras se respira,
paz mientras se camina.
Respirar es paz,
caminar es paz.

En principio, quizá creamos que debe haber alguien para que la respiración sea posible, que debe haber alguien para que andar sea posible. Pero, en realidad, con el acto de andar y respirar es suficiente; no necesitamos a nadie que camine, a nadie que respire. Podemos limitarnos a observar que el caminar ocurre, que el respirar ocurre.

Piensa en la lluvia. Acostumbramos a decir que la lluvia

cae. Esto es muy gracioso, porque si no llueve, no cae, y entonces no hay lluvia en absoluto. Así que la lluvia es el caer mismo. No necesitamos un «llovedor»; solo necesitamos la lluvia. Cuando decimos que está soplando el viento, eso es igual de gracioso, porque si no está soplando, no hay viento. No necesitamos un «soplador». Por eso basta con la «lluvia» o el «viento». Lo mismo pasa con el hecho de caminar. Lo que yo considero que es Buda caminando es solo el caminar, pero es un caminar de alta calidad. Dado que ese caminar es agradable, es un caminar consciente, hay una gran paz y alegría. Buda es ese respirar. Buda es ese caminar. Porque en ese caminar hay una gran paz y alegría. Es un caminar consciente.

Cinco
Transformar el sufrimiento

¿Qué podemos hacer para transformar nuestras semillas del sufrimiento tan profundamente arraigadas? Hay tres maneras de tratarlas.

La primera es centrarnos en sembrar y regar nuestras semillas de felicidad. No trabajamos directamente con las semillas del sufrimiento, sino que, en lugar de ello, dejamos que las semillas de la felicidad las transformen. Se trata de una transformación indirecta.

La segunda es practicar continuamente el mindfulness, de manera que cuando surjan las semillas del sufrimiento, seamos capaces de reconocerlas. Cada vez que se manifiesten, las bañaremos en la luz de la atención plena. Nuestras semillas son un campo de energía, al igual que el mindfulness es un campo de energía. Cuando las semillas entren en contacto con la atención plena, se debilitarán; el mindfulness las transformará.

La tercera manera de hacer frente a las aflicciones que están con nosotros desde la infancia es invitarlas deliberadamente a entrar en nuestra mente consciente. Invitamos a la tristeza, la desesperación, las penas, los deseos con que nos ha sido difícil tratar en el pasado, y nos sentamos y hablamos con ellos como lo haríamos con unos viejos amigos. Pero antes de invitarlos, debemos estar seguros de que está encendida la lámpara de la atención plena y de que su luz es constante y fuerte.

Reconocer el sufrimiento

Imaginemos que estamos practicando la meditación andando para entrar en contacto con las maravillas de la vida. Pero mientras caminamos, la mente regresa a una imagen de la infancia y surgen sentimientos de sufrimiento, miedo y desesperación. En ese caso, aunque estemos caminando, no estamos disfrutando de nuestro paseo. Mientras caminamos, no estamos en el paraíso, sino en el infierno. El sufrimiento está ahí. El primer paso es reconocerlo: «El sufrimiento está en mí».

Al inspirar, sé que el sentimiento de sufrimiento, desesperación, infelicidad y miedo está en mí.
Al espirar, abrazo al sentimiento de sufrimiento que hay en mí.

Con atención plena y concentración podemos regresar a la imagen y saber qué es lo que la ha hecho surgir. «Tengo *esto* porque he conectado con *aquello*.» Con atención plena y concentración podemos responder a esa imagen, conscientes de que ya no somos niños indefensos. Somos adultos fuertes, capaces de protegernos a nosotros mismos.

Algunos llegamos aquí como inmigrantes. Muchos refugiados del mar vietnamitas cruzamos el océano desde el Sureste Asiático para vivir en Occidente. Durante el viaje pasamos mucho miedo. Pudimos habernos ahogado en cualquier momento. Pudimos haber muerto o resultar heridos a manos de los piratas o los tiburones. Quienes hicimos el viaje seguimos teniendo las imágenes de todos esos peligros en la conciencia.

Ahora hemos llegado a la otra orilla. Hemos sido aceptados como refugiados. Estamos en tierra firme. Pero a veces nos olvidamos de ello. A veces conectamos con las imágenes de aquellos momentos y seguimos sufriendo, aunque estemos a salvo. Cada vez que entramos en contacto con esas imágenes, surge de nuevo el sufrimiento. Esto sucede aunque el sufrimiento pueda haberse producido hace mucho tiempo.

Muchos de nosotros seguimos atrapados en el mundo de las imágenes. Pero el hecho es que solo se trata de imágenes; ya no son realidad. Mientras inspiramos y espiramos conscientemente, podemos conseguir esa sabiduría y ese discernimiento. Supongamos que todavía conservamos una foto del océano en el que podríamos habernos ahogado. Cuando miramos la foto, sentimos sufrimiento y miedo. Pero la atención plena y la concentración nos permiten discernir que se trata tan solo de una imagen, de que eso no es el océano. Podemos ahogarnos en el océano, pero no en una imagen.

Por eso, cuando sobrevienen las formaciones mentales de desesperación y sufrimiento, podemos observar y comprender que *esto* ha surgido de *aquello*; el sufrimiento surge porque entramos en contacto con una imagen del pasado. La realidad es que nos encontramos a salvo y tenemos la capacidad de disfrutar de las maravillas de la vida en el momento presente. En cuanto reconocemos que el sufrimiento se basa en imágenes en vez de en la realidad actual, podemos vivir felizmente en el momento presente. Ese es el poder de la atención plena y la concentración.

Introducción del *manas*

Una de las principales razones de que evitemos a nuestro niño interior es que nos da miedo sufrir. Esto se debe a que entre la conciencia-receptáculo y la conciencia mental hay una parte de la conciencia llamada *manas* que nos lleva a buscar el placer y evitar el sufrimiento. El *manas* es la base de la creencia ilusoria de que tenemos un yo separado. Sufrimos debido a la discriminación y al engaño del *manas*.

Cuando un pez ve un cebo atractivo, tiene tendencia a picar. No sabe que hay un gancho escondido dentro y que si intenta morder el cebo, se le sacará del agua. Con el mindfulness podemos darnos cuenta de los peligros que tiene la búsqueda constante de placer. Podemos descubrir las semillas de la sabiduría en la conciencia-receptáculo para ayudar a transformar el *manas*. De eso se encarga la conciencia mental.

Las seis características del *manas*

El *manas* tiene muchas tendencias. En primer lugar, está siempre interesado en buscar placer. En segundo lugar, trata de evitar el sufrimiento. En tercer lugar, ignora el peligro que entraña buscar placer. Correr tras los placeres sensuales puede destruir el cuerpo y la mente. Si examinamos en profundidad el objeto del deseo, vemos el peligro que hay ahí.

La cuarta característica del *manas* es que hace caso omiso de lo bueno que es el sufrimiento. El sufrimiento tiene su cara positiva. Todo el mundo necesita una cierta cantidad de sufrimiento para crecer, para comprender y cultivar la compasión, la alegría y la felicidad. La alegría y la felicidad solo pueden ser reconocidas contra el trasfondo del sufrimiento.

Si no hubiéramos sufrido por la guerra, no seríamos capaces de apreciar la paz. Si nunca hubiéramos pasado hambre, no podríamos apreciar plenamente el pan que tenemos. Es maravilloso tener algo que comer. Ese tipo de felicidad solo es posible cuando sabemos lo que es el hambre.

En la vida de todos hay momentos peligrosos. Cuando pensamos en ellos, disfrutamos más plenamente de la seguridad del presente. Gracias al sufrimiento tenemos la oportunidad de aprender a comprender y tener compasión. Sintiendo y comprendiendo el sufrimiento puede surgir la compasión.

No querría enviar a mis amigos o a mis hijos a un lugar en el que no existiera el sufrimiento, porque en ese sitio no tendrían posibilidad de aprender a cultivar la comprensión y la compasión. Buda decía que si no hemos sufrido, no hay forma de aprender. Si Buda llegó a la iluminación plena, fue porque sufrió mucho. Tenemos que llegar a Buda con todo nuestro sufrimiento. El sufrimiento es el camino. Es a través del sufrimiento como podemos ver la senda de la iluminación, la compasión y el amor. Es examinando en profundidad la naturaleza de nuestra pena, nuestro dolor y nuestro sufrimiento como podemos descubrir la salida. Si desconocemos qué es el sufrimiento, no hay manera de llegar hasta Buda, y no tendremos ninguna posibilidad de alcanzar la paz, el amor. Es precisamente por haber sufrido por lo que ahora tenemos la oportunidad de reconocer el camino que conduce a la liberación, al amor y a la comprensión.

La tendencia a escapar del sufrimiento está en todos los seres humanos. Pensamos que buscando el placer evitaremos el sufrimiento, pero esto no funciona, sino que atrofia el crecimiento y la felicidad. No es posible tener felicidad sin comprensión, compasión y amor. Y el amor no es posible si no comprendemos nuestro sufrimiento y el de los demás. Conectar con el sufrimiento nos ayudará a cultivar la compasión y el amor. Sin comprensión ni amor no podemos ser felices, ni podemos hacer felices a los demás. Todos tenemos semillas de compasión, perdón, alegría y «no miedo» en nosotros. Si tratamos constantemente de evitar el sufrimiento, no conseguiremos que esas semillas germinen.

En Plum Village, donde vivo, tenemos un estanque de lotos. Sabemos que el loto no puede crecer sin lodo. Se necesita lodo para que exista el loto. No podemos plantar un loto en el mármol. El barro desempeña un papel crucial para que salga el loto. El sufrimiento desempeña un papel crucial para que surjan la comprensión y la compasión.

Tenemos que abrazar nuestro sufrimiento y examinarlo a fondo; podemos aprender mucho de él. Cuando la semilla del miedo que está en las profundidades de la conciencia-receptáculo sube al nivel de la conciencia mental, es preciso invitar a que se manifieste también la semilla del mindfulness. La atención plena nos ayuda a estar realmente ahí con el fin de reconocer y abrazar el sufrimiento en vez de escapar de él. Al principio, la atención plena no es lo bastante fuerte como para soportar el dolor y la pena. Pero con la práctica, y especialmente si nuestra comunidad apoya nuestra práctica, la atención plena se hará lo bastante fuerte como para soportar el dolor, la pena y el miedo.

Todos necesitamos una dosis de sufrimiento para cultivar la comprensión y la compasión. Pero no tenemos que crear más sufrimiento. Hay sufrimiento de sobras dentro de nosotros y a nuestro alrededor. La conciencia mental es capaz de aprender mediante la observación del sufrimiento y de transmitir ese conocimiento a la conciencia-receptáculo.

La quinta característica del *manas* es hacer caso omiso de la ley de la moderación. La conciencia mental tiene que recordar al *manas* la sabiduría de la moderación. Con la respiración consciente podemos ayudar a la conciencia mental a observar en profundidad, a reconocer al *manas* con todos sus engaños y a comprender que la semilla de la sabiduría está en la conciencia-receptáculo. Cuando la conciencia mental practica la concentración, el objeto de concentración es el «interser», la interconexión, la no discriminación. Si la conciencia mental se concentra en estos objetos, el discernimiento llegará sorprendentemente deprisa.

La sexta característica del *manas* es que siempre trata de apropiarse, de tener, de poseer todo lo que percibe como deseable. El deseo es uno de nuestros impulsos más fuertes, que provoca que nos invadan los celos y tratemos de poseer a personas y cosas. Pero si uno es consciente del *interser*, verá que no hay nada que poseer.

Transformar el *manas*

Con el mindfulness podemos transformar el *manas*. A través de la respiración consciente podemos ayudar a la conciencia mental a examinar en profundidad a fin de identificar el *manas* con todos sus engaños, así como a comprender que hay una semilla de sabiduría en la conciencia-receptáculo. Cuando el *manas* se transforma, se convierte en la sabiduría de la no discriminación *(nirvikalpajñana)*.

Hay un relato que describe muy bien la no discriminación. Es la historia de un grano de sal que quería saber cómo de salada era el agua del mar. «Yo soy un grano de sal. Soy muy salado. Me pregunto si el agua del mar es tan salada como yo.» Se le acercó un maestro, que le dijo: «Querido grano de sal, la única manera de que conozcas realmente la salinidad del agua del mar es que te arrojes a él». El grano de sal saltó al mar y se hizo uno con el agua del mar, y su comprensión fue perfecta.

No podemos comprender totalmente a alguien o algo mientras no nos hagamos uno con esa persona o con ese algo. *Comprender* significa literalmente coger algo y hacerse uno con ello. Si nos sentimos separados de algo, no podemos esperar comprenderlo.

La práctica de la meditación consiste en examinar la realidad de tal manera que la frontera entre sujeto y objeto deje de estar presente. Tenemos que eliminar la frontera entre el observador y el objeto de la observación. Si queremos comprender a alguien, nos pondremos en su piel. Para que los amigos o las familias se comprendan realmente entre sí, necesitan convertirse mutuamente cada uno en el otro. La única manera de comprender plenamente es convertirnos en el objeto de nuestra comprensión. La auténtica comprensión se produce cuando desmontamos la barrera que hay entre el objeto y el sujeto de la comprensión.

Supongamos que damos algo a alguien. Mediante la sabiduría de la no discriminación, vemos que no hay ni donante ni receptor. Si seguimos pensando que somos el donante y que la otra persona es el receptor, no es una donación perfecta. Damos porque la otra persona necesita lo que le damos, y se trata de un acto muy natural. Si realmente estamos practicando la generosidad, no diremos del otro: «No es agradecido». No tendremos ese tipo de ideas.

Si practicamos mindfulness, podemos empezar a reconocer la presencia del *manas* en nuestro interior. Si somos conscientes de las tendencias del *manas*, podemos utilizar la atención plena, la concentración y el discernimiento para transformar esas tendencias y nutrir la sabiduría de la no discriminación. Cuando no escapamos del sufrimiento, sino que lo reconocemos, lo abrazamos y lo examinamos en profundidad, ese sufrimiento comienza a transformarse, y surgen la liberación y la iluminación.

Tenemos que ser capaces de ver lo que necesitamos en nuestra propia vida para ser felices. También tenemos que evaluar las necesidades de los miembros de nuestra familia, nuestra comunidad y nuestra sociedad. Cuando sabemos lo que se necesita, sabemos qué hacer. Tenemos un objetivo, y actuamos entonces de tal manera que contribuimos a producir suficientes alimentos, democracia y libertad para el pueblo. Cuando tenemos un objetivo, definimos la acción; sabemos ya el trabajo que tenemos que hacer para ayudar a conducir a la sociedad en una dirección positiva. Para determinar si nuestra acción es buena o mala, tenemos que ver si conducirá hacia nuestra visión suprema.

La sabiduría de la no discriminación

En la conciencia-receptáculo hay una semilla que puede transformar el *manas*, la sabiduría de la no discriminación. La discriminación entre esto y aquello, de esto frente a eso, es la base de muchísimo sufrimiento. Es muy importante que la conciencia mental reconozca la semilla de la sabiduría de la no discriminación que yace en la conciencia-receptáculo y la ayude a manifestarse. Con la práctica de la respiración consciente y la observación en profundidad, ayudaremos a que se manifieste la sabiduría de la no discriminación.

La sabiduría de la no discriminación está en cada uno de nosotros. Por ejemplo, mi mano derecha hace sonar la campana y escribe poesía con una pluma. Mi mano derecha tiene la sabiduría de la no discriminación. Nunca le dice a mi mano izquierda: «Mano izquierda, no pareces servir para nada. Soy *yo* quien ha escrito todos los poemas; soy *yo* quien practica la caligrafía». No, mi mano derecha nunca se considera superior a mi mano izquierda. Esa es la razón de que la comunicación y la colaboración entre ellas sean perfectas. No existe ningún sentimiento de superioridad, ni de inferioridad, ni siquiera de igualdad. Cuando comparamos, nos vemos superiores, inferiores, o tratamos de ser iguales. Pero con este tipo de comparación viene la discriminación, y con la discriminación llega el sufrimiento.

Las células del cuerpo colaboran entre sí sin discriminación. Un día, mi mano izquierda estaba sujetando un clavo, y mi mano derecha, un martillo. Trataba de colgar un cuadro y no estaba muy atento. En vez de golpear el clavo, me golpeé el dedo. Inmediatamente, la mano derecha soltó el martillo y cuidó de la mano izquierda como si cuidara de sí misma. La mano izquierda no se enfadó con la derecha, porque tiene integrada la sabiduría de la no discriminación. La mano derecha no dijo: «Estoy cuidando de ti, mano izquierda, tienes que recordarlo». Tampoco la mano izquierda dijo: «Mano derecha, has sido injusta conmigo; quiero justicia, dame el martillo». No existe ningún yo, ningún tú, ninguna discriminación; son una sola cosa. Es como la Trinidad. Dios Padre está en Dios Hijo, y el Espíritu Santo está en el Hijo y en el Padre. Eso es «inter-ser». En cada uno puedes ver a los otros dos. Había un cierto dolor, pero mis dos manos compartían el sufrimiento, porque en una relación amorosa no existe discriminación. Eso es la ecuanimidad (*upeksha*). Felicidad y sufrimiento no son ya cuestiones independientes cuando la sabiduría de la no discriminación está presente.

Felicidad y sufrimiento

Gracias a la sabiduría de la no discriminación podemos reconocer que malestar y bienestar existen cada uno en el otro. Solemos pensar que ya hemos tenido suficiente malestar y que nos gustaría tener algo distinto: bienestar. Nos gustaría huir del malestar y dirigirnos hacia el bienestar. Pero es allí, en el lugar del malestar, donde podemos encontrar el bienestar. Si huimos del malestar, tenemos muchas menos posibilidades de encontrar el bienestar.

Toda nuestra felicidad tiene en su interior el regusto del sufrimiento. Es como una flor. Cuando examinas la flor en profundidad, ves la basura, la tierra, el humus. Sabemos que sin humus, la flor no puede vivir. Por eso, al tocar la flor intensamente, tocas el humus que hay en ella.

Alimento

Para muchos, una manera de huir del sufrimiento es comer o buscar un entretenimiento. Nos sentimos tan solos, tristes, vacíos, frustrados o asustados que tratamos de llenar ese sentimiento con una película o un bocadillo. Así afrontamos el malestar que está muy dentro de nosotros. Queremos reprimir el dolor, la desesperación, la ira y la depresión. Por eso escuchamos música, abrimos el frigorífico para buscar algo que comer, cogemos una revista para leer; consumimos. Aunque un programa de televisión no sea nada interesante, no por eso dejamos de verlo. Pensamos que cualquier cosa es mejor que experimentar el malestar en nuestro interior.

Cuanto más consumimos, más introducimos en nosotros las toxinas de la violencia, el deseo, la desesperación y la discriminación, y de este modo empeoramos la situación. Con la energía del mindfulness y la concentración, podemos examinar la naturaleza de nuestro malestar e identificar la fuente de alimentación que lo ha traído a nosotros.

Nada puede sobrevivir sin alimento, ni siquiera el sufrimiento. Ningún animal o planta puede sobrevivir sin alimento. Para que el amor sobreviva, tenemos que alimentarlo. Si no lo alimentamos, o lo alimentamos con un tipo inadecuado de nutrientes, el amor morirá. En poco tiempo, el amor puede transformarse en odio. El sufrimiento y la depresión también necesitan alimento para sobrevivir. Si la depresión se niega a desaparecer, es porque la estamos alimentando a diario. Debemos examinar en profundidad la fuente de alimentación que está nutriendo el sufrimiento.

El sufrimiento se expresará de vez en cuando como una fuerte emoción que nos impulsa a pensar, sentir y actuar de ciertas maneras. Si hemos identificado lo que alimenta nuestro sufrimiento, podemos tratar de interrumpir esa fuente de alimentación, y de esa manera se debilitará. Si consumimos violencia y sufrimiento, hacemos que nosotros mismos y la gente que nos rodea sufra más. Acabar con el consumo de imágenes violentas y comunicación tóxica nos da la oportunidad de transformar la violencia y el sufrimiento que hay en nosotros. Nacerán entonces la comprensión y la compasión para sanarnos y ayudarnos a sanar a quienes nos rodean.

Aceptar la vida como es

Sabemos que la vida engloba el nacimiento y la muerte, la enfermedad y la vejez. No queremos envejecer, enfermar y morir, pero la vida es así. Si nos rebelamos, si protestamos, sufrimos más. Si aceptamos la vida y todo lo que conlleva (los momentos de felicidad, alegría y paz, pero también de enfermedad, vejez y muerte), ya no sufriremos más. Por eso está bien sufrir. Y no solo el sufrimiento va bien, sino que gracias al sufrimiento tenemos la oportunidad de experimentar bienestar.

Para vencer el miedo, podemos comenzar en primer lugar siendo conscientes de que el miedo está en nosotros. Luego, como segundo paso, crearemos la intención de no escapar del miedo. Nuestra tendencia es huir del miedo porque no es agradable. No queremos vivir con él. Pero el miedo vuelve siempre. Tememos que pueda suceder algo esta tarde o mañana. Vivimos con ese miedo de la impermanencia. Por eso, el segundo paso de la transformación es crear la intención de permanecer donde estamos, examinar en profundidad el miedo y aceptarlo.

Si examinamos el miedo y lo experimentamos en profundidad, advertiremos una respuesta al miedo. Puede que respondamos con confusión o con rechazo. O tal vez con amabilidad, aceptación y compasión. Esta es la respuesta que traerá consigo la curación. Este es el tercer paso, responder con discernimiento.

Puesto que ahora sabemos cómo lograr la curación, no tenemos que esperar a que el sufrimiento nos sorprenda. Con la práctica, cuando nuestra atención plena sea fuerte y estable, ya no tendremos que esperar a que las semillas del sufrimiento surjan de manera inesperada. Sabemos que están ahí, en el sótano de la conciencia-receptáculo. Podemos invitarlas a subir a la conciencia mental y dejar que la luz de la atención plena brille sobre ellas.

Hacer frente al sufrimiento es como enfrentarnos a una serpiente venenosa. Tenemos que informarnos sobre la serpiente, así como hacernos más fuertes y estables para manipularla sin resultar heridos. Al final de este proceso, estaremos listos para enfrentarnos a ella. Si nunca nos enfrentamos a ella, un día nos sorprenderá y moriremos de una picadura. El dolor que portamos en los niveles profundos de la conciencia es similar. Cuando crece mucho y nos enfrentamos a él, no podemos hacer nada si no hemos practicado antes para tener una atención plena fuerte y estable. Solo deberíamos enfrentarnos al sufrimiento cuando estemos preparados. Entonces, cuando llegue, podremos manejarlo sin peligro. Para transformar el sufrimiento no luchamos contra él ni tratamos de deshacernos de él. Simplemente, lo bañamos en la luz de la atención plena.

Seis

Sanar al niño interior

En la infancia éramos muy vulnerables. Se nos hería con mucha facilidad. Una mirada severa de nuestro padre podía hacernos sentir desdichados. Una palabra fuerte de nuestra madre podía causarnos una herida en el corazón. De niño se tienen muchos sentimientos, pero es difícil expresarlos. Lo intentamos sin parar. A veces, aunque podamos encontrar las palabras, los adultos que nos rodean no son capaces de oírnos, ni de escucharnos, o no nos dejan hablar.

Podemos conectar con nosotros mismos y hablarle a nuestro niño interior, escuchar a nuestro niño y responderle directamente a él. Yo mismo lo he hecho, aunque recibí amor y cuidados de mis padres. Esta práctica me ha ayudado tremendamente. El niño sigue estando ahí y puede estar profundamente herido. Hemos desatendido durante mucho tiempo al niño que hay en nosotros. Tenemos que volver y consolar, amar y cuidar al niño que hay en nuestro interior.

Meditación del niño de cinco años

Esta meditación puede hacerse sentado o caminando. Es importante encontrar un lugar tranquilo, donde uno pueda estar cómodo y relajado, sin que nadie interrumpa durante al menos cinco minutos. Al inspirar y espirar, puedes decirte estas palabras.

Al inspirar, me veo a mí mismo como un niño de cinco años.
Al espirar, sonrío con compasión al niño de cinco años que hay en mí.

Al principio tal vez quieras decir toda la frase, pero puede que luego prefieras usar solo las palabras clave:

Yo con cinco años.
Sonriendo con compasión.

El niño de cinco años que hay en nosotros necesita mucha compasión y atención. Estaría bien que cada día encontráramos unos minutos para sentarnos a practicar esta meditación. Sería muy sanador y reconfortante, porque el niño de cinco años está todavía vivo en nosotros y necesita cuidados. Con reconocimiento y comunicación podemos ver que el niño nos responde y que comienza a sentirse mejor. Si se siente mejor, también nosotros nos sentimos mejor y podemos empezar a gozar de una gran libertad.

Ese niño que hay en mi interior no soy solo yo. También nuestros padres sufrieron de niños. Incluso de adultos, a menudo no supieron manejar su sufrimiento, por eso hacían sufrir a sus hijos. Fueron víctimas de su propio sufrimiento, y luego sus hijos fueron también víctimas de ese sufrimiento. Si no somos capaces de transformar el sufrimiento que hay en nosotros, se lo transmitiremos a nuestros hijos. Todo padre, toda madre ha sido un niño o una niña de cinco años, frágil y vulnerable.

Mi padre y yo no somos realmente dos entidades separadas. Yo soy su continuación, y por eso él está dentro de mí. Ayudar al niño de cinco años que es mi padre en mí nos sana a los dos al mismo tiempo. Al ayudar a la niña de cinco años que fue mi madre y que está todavía en mí, la ayudo a transformarse y a ser libre. Soy una prolongación de mi madre. Esa niña pequeña herida que sufrió tanto está viva en mí. Si puedo transformar y sanar a mi madre o mi padre en mi interior, podré ayudarles también fuera de mí. Esta meditación generará compasión y comprensión dirigida a nosotros mismos, así como a nuestros padres en tanto que niños de cinco años.

Hablamos mucho de comprensión, pero ¿hay alguna comprensión superior a esta? Cuando sonreímos, sabemos que estamos sonriendo por nuestra madre y por nuestro padre, y liberando a nuestra madre y a nuestro padre. Si adquirimos esa práctica, se vuelven irrelevantes todas las preguntas que hacen sufrir a la gente: ¿quién soy?, ¿me quería realmente mi madre?, ¿me quería realmente mi padre?, ¿qué sentido tiene mi vida?

No necesitamos regresar a nuestro país natal, a Irlanda o a China, para encontrar nuestras raíces. Tan solo necesitamos conectar con cada célula de nuestro cuerpo. Nuestro padre, nuestra madre y todos nuestros antepasados están presentes de una manera muy real en cada célula de nuestro cuerpo, incluso en las bacterias. La comprensión consciente nos ha sido transmitida por todas las generaciones, por todos los seres sensibles, y también por los llamados «seres no sensibles». Somos a la vez padre e hijo. En unas ocasiones nos manifestamos como padre o madre, y en otras, como niño o niña. En cuanto nace, la guayaba tiene dentro de sí sus correspondientes semillas, por eso es ya una madre o un padre. Podemos practicar de este modo:

Al inspirar, veo a mi padre como a un niño de cinco años.
Al espirar, sonrío con compasión a mi padre de cinco años.

Padre, cinco años.
Sonriendo con compasión.

Tu padre tuvo cinco años antes de convertirse en padre. A los cinco años era muy vulnerable. Pudo sentirse herido con facilidad por tu abuelo o tu abuela, así como por otras personas. Por eso, si a veces era duro o difícil, tal vez fuera por la manera en que fue tratado el niño de cinco años que hay en él. Tal vez le hirieron de niño.

Si comprendes eso, quizá no te enfades con él nunca más. Puedes sentir compasión por él. Si tienes una foto de tu padre a los cinco años, puedes mirarla durante la meditación. Mírale cuando tenía cinco años, e inspira y espira, y verás al niño de cinco años que todavía está vivo en él, y también en ti.

Cuando tu madre tenía cinco años, también era frágil y vulnerable. La podían herir con mucha facilidad, y puede que no tuviera un maestro o una amiga que la ayudaran a sanar. Así que la herida y el dolor continúan en ella. Por eso a veces puede haberse comportado cruelmente contigo. Si puedes ver a tu madre como una frágil niña de cinco años, podrás perdonarla muy fácilmente con compasión. La niña de cinco años que fue tu madre está siempre viva en ella y en ti.

Al inspirar, veo a mi madre como a una niña de cinco años.
Al espirar, sonrío a esa niña herida de cinco años que era mi madre.

Madre, cinco años.
Sonriendo con compasión.

Si eres joven, es importante que practiques para sanar al niño de cinco años que hay en ti. De lo contrario, si tienes hijos, transmitirás tu niño herido a tus hijos. Si ya has transmitido tu niño herido a tu hijo o hija, no es demasiado tarde. Tienes que practicar ahora para sanar al niño en ti y ayudar a tu hijo o hija a sanar a ese niño herido que les has transmitido.

Todos nosotros, como padres e hijos, podemos practicar juntos y sanar al niño herido presente en nosotros y en nuestros hijos. Se trata de una práctica urgente. Si logramos hacerla con éxito, se restablecerá la comunicación entre nosotros y nuestra familia. Será posible la comprensión mutua.

Estamos presentes en nuestros hijos. Nos hemos transmitido totalmente a ellos. Nuestros hijos, nuestras hijas, son nuestra prolongación. Nuestro hijo, nuestra hija, *es* nosotros. Y nos llevarán lejos, al futuro. Si tenemos la oportunidad de amar a nuestros hijos con compasión y comprensión, sacarán provecho de eso y construirán un futuro mejor para sí mismos, para sus hijos y para las generaciones futuras.

Escuchar a tu niño interior

Para cuidar de nosotros mismos, debemos regresar y sanar al niño herido que habita en nuestro interior. Tienes que practicar el volver a conectar con tu niño herido todos los días. Tienes que abrazarle o abrazarla tiernamente, como un hermano o una hermana mayor.

Debemos escuchar al niño herido en nuestro interior. El niño herido que habita en nuestro interior está aquí, en el momento presente. Y podemos sanarlo justo ahora. «Mi querido niño herido, estoy aquí para ti, dispuesto a escucharte. Por favor, cuéntame todo tu sufrimiento, todo tu dolor. Estoy aquí, te escucho de verdad.» Tenemos que abrazar a ese niño y, si es necesario, llorar con él, tal vez mientras hacemos la meditación sentada. Podemos entrar en el bosque para hacerlo. Y si sabes cómo volver a él o a ella, y escucharle así durante cinco o diez minutos cada día, se producirá la sanación.

Entre nosotros hay personas que lo han practicado y, después de un período de práctica, han experimentado una disminución de su sufrimiento y una transformación. Después de practicar de esa manera, vemos que la relación entre uno mismo y los demás ha mejorado mucho, se ha vuelto mucho más fácil. Observamos más paz, más amor en nosotros.

Hablar a tu niño interior

Tu niño interior y tú no sois exactamente dos, pero tampoco tú eres exactamente uno de los dos. Os influís mutuamente. Como adultos podemos practicar el mindfulness e invitar al niño interior a que se una a nosotros en la práctica. El niño interior es tan real como el adulto maduro. Es como la semilla de maíz que sigue siendo real en la planta de maíz. Está allí; no es solo un elemento del pasado. Por eso, si la planta de maíz sabe que es una con el grano de maíz, es posible la conversación. Si tenemos tendencia a regresar al pasado y a vivir los recuerdos dolorosos del pasado, tenemos que ser conscientes de que nosotros y nuestro niño interior regresamos al pasado a vivir de nuevo esa experiencia, ese miedo y ese deseo. Se ha convertido en un hábito, y no queremos que suceda eso, puesto que no ayuda.

En lugar de ello, hablamos con el niño interior. Le invitamos a subir, a que salga y conozca la vida en el momento presente. Permanecer en el momento presente es una práctica, un entrenamiento. Mientras estamos anclados en el momento presente, no sufrimos los traumas del pasado. En el momento presente podemos darnos cuenta de que existen muchas maravillas, muchas situaciones positivas. Por eso, la práctica consiste realmente en coger de la mano al niño interior y jugar, en conectar más profundamente con esas maravillas de la vida. A veces necesitamos apoyo, alguien en quien confiar para que nos ayude a hacerlo con facilidad, porque existe la tendencia natural a deslizarse de nuevo al pasado.

Cualquier deseo es la continuación del deseo original de sentirnos seguros. El niño pequeño en nosotros sigue preocupándose y teniendo miedo. En el momento presente no hay ningún problema, ninguna amenaza. Si no tenemos ningún problema en el momento presente, eso significa que no tenemos ningún problema. Entonces, ¿por qué seguir preocupándonos y teniendo miedo? Tenemos que transmitir esa sabiduría al niño interior. Debemos dejar que el niño que habita en nosotros sepa que ya no debe tener miedo.

Podemos ir a la montaña para estar a solas, caminar entre los ciruelos o las viñas, y hablar con el niño interior. Podemos decir: «Querido hermano pequeño, querida hermana pequeña, sé que sufres. Eres mi niño interior. Yo soy tú. Hemos crecido. Así que no tengas ya ningún temor. Estamos a salvo. Tenemos medios para protegernos. Ven conmigo y permanece en el momento presente. No dejemos que el pasado nos aprese. Coge mi mano y caminemos juntos. Disfrutemos de cada paso».

Deberíamos hablar realmente con el niño interior, en voz alta, no solo pensándolo, sino pronunciando las palabras. Quizá quieras hablar con tu niño interior todos los días. De este modo se producirá la sanación. Y tu niño se unirá a ti en tu vida. Podemos hablar con el niño, cogerle de la mano y traerlo al presente para que disfrute de la vida en el aquí y el ahora. Si tenemos quince minutos para hablar así al niño vulnerable que está en nuestro interior, podemos poner al descubierto ese viejo miedo.

Piensa en una olla de agua hirviendo con la tapadera puesta. El vapor la levantará. Si quitamos la tapa para que el vapor pueda salir de la olla, desaparece el problema. El vapor ya no creará más presión; ha sido liberado.

De manera semejante, si podemos hablar con el niño interior de ese modo y poner al descubierto el miedo originario de la infancia a la luz de la consciencia, podremos empezar a sanar. Tenemos que asegurarle al niño que aunque ese miedo sea real, no tiene ya ningún fundamento. Ahora somos adultos. Podemos protegernos y defendernos por nosotros mismos.

Conversar con tu niño interior

Tenemos que hablarle al niño e, igual de importante, tenemos que dejar que el niño hable, dejar que se exprese. Si de niños no tuvimos la posibilidad de decir lo que pensábamos, ahora se nos brinda esa oportunidad.

Pon dos cojines uno frente a otro. Siéntate en uno y mira al otro. Visualízate allí sentado cuando tenías cinco años, o cuatro, o tres, y habla con ese niño o niña: «Querido niño interior, sé que estás ahí. Estás herido, lo sé. Has pasado por muchísimo sufrimiento. Sé que es así, porque yo fui tú. Pero ahora estoy hablando contigo como tu yo adulto, y quiero decirte que la vida es maravillosa, que tiene muchos elementos reconfortantes y sanadores. No nos dejemos arrastrar al pasado para vivir y experimentar una y otra vez el sufrimiento del pasado. Si tienes algo que decirme, por favor, dímelo ahora». Luego siéntate en el otro cojín. Puedes sentarte o, si lo prefieres, tumbarte como un niño o una niña de tres años, y hablar con su lenguaje infantil. Puedes quejarte. Te quejas de que eres frágil y vulnerable, de que te sientes indefenso, de que no puedes hacer nada, de que tienes miedo. Deseas mucho que esté presente contigo una persona adulta. Tratas de expresar eso, y desempeñas el papel del niño interior. Si surge alguna emoción, algún miedo, eso es bueno. Sientes un miedo real. Sientes el deseo real de que haya alguien cerca de ti, protegiéndote, etcétera.

A continuación, cámbiate al otro cojín y di: «Bien, te he escuchado, mi niño interior. Y comprendo totalmente tu sufrimiento. Pero, ya ves, hemos crecido y nos hemos hecho adultos. Ahora somos capaces de defendernos. Incluso podemos llamar a la policía. Podemos impedir que los demás hagan cosas que no queremos. Y podemos hacerlo todo por nosotros mismos. No necesitamos a un adulto; no necesitamos a nadie más. Podemos sentirnos completos por nosotros mismos. En realidad, no necesitamos a otra persona para ser nosotros mismos. La tendencia es creer que debería haber otra persona para desempeñar el papel de papá o mamá, pero eso es solo una sensación, no tiene un fundamento real. Yo he experimentado que podemos bastarnos a nosotros mismos, podemos conseguir realizarlo por nosotros mismos, no necesitamos que otra persona esté ahí para relajarnos y estar cómodos».

Si lo prefieres, no tienes por qué cambiar de cojín, ni siquiera hablar en voz alta. Si hablas y escuchas así a tu niño interior durante cinco o diez minutos todos los días, se producirá la sanación.

Escribir una carta a tu niño interior

También puedes escribir una carta de una, dos o tres páginas al niño pequeño que hay en ti para decirle que reconoces su presencia y que harás todo lo que puedas por sanar sus heridas. Después de escribir algunas cartas a tu niño interior, ¡puedes percibir si el niño interior tiene algo que escribirte como respuesta!

Compartir la alegría con tu niño interior

Otra manera de asegurarse de que el niño pequeño que hay en nosotros se sienta seguro es invitarle a que salga con nosotros y juegue en el patio del momento presente. Cuando subas a una hermosa montaña, invita a tu niño interior a que suba contigo. Cuando contemples una hermosa puesta de sol, invítale a que la disfrute contigo. Si haces eso durante unas semanas o unos meses, el niño herido que hay en ti experimentará la sanación.

Sentarse con los amigos de la *Sangha*

Cuando nos han herido profundamente en la infancia, se nos hace difícil confiar y amar, y nos cuesta permitir que el amor entre en nosotros. Pero en esta práctica se nos aconseja entrar en nosotros y cuidar del niño herido, aunque sea difícil. Necesitamos instrucciones sobre cómo hacerlo para que el dolor interior no nos abrume. La práctica nos permite cultivar la energía del mindfulness para hacernos lo suficientemente fuertes. También puede ayudarnos la energía del mindfulness de nuestros amigos. Tal vez la primera vez que entremos en nuestro interior necesitemos que un amigo o dos (sobre todo aquellos que hayan tenido éxito en la práctica) se sienten cerca de nosotros para prestarnos su apoyo, su atención plena y su energía. Cuando un amigo se sienta junto a nosotros y nos coge la mano, aunamos energías y volvemos a nuestro interior para abrazar al niño interior herido.

Si cuentas con una *Sangha* formada por personas cariñosas, tu práctica será más fácil. Practicar solo, sin el apoyo de hermanos y hermanas, sería demasiado difícil, especialmente para alguien que acaba de empezar. Refugiarse en la *Sangha* y tener hermanos y hermanas que te ayuden, te den consejo y te apoyen en los momentos difíciles es muy importante.

Siete
Reconciliación

Tenemos tendencia a echar la culpa a los demás, como si estuvieran disociados de nosotros. Por eso tenemos que analizar en profundidad y preguntarnos: ¿Crecemos día a día?, ¿somos más felices cada día?, ¿estamos más en armonía con nosotros mismos y con las personas que nos rodean, tanto con las que nos resultan antipáticas como con las que nos parecen adorables?

Lo que digan o hagan los demás no tiene que afectarnos, ya que no influye en la capacidad que tenemos de cuidar de nosotros mismos. Podemos tratar de hacer todo lo posible para ayudar realmente a los demás en vez de juzgar y regañar y comportarnos de una manera que cree conflictos a nuestro alrededor.

Cuando nuestra mano izquierda se hace daño no decimos: «¡Mano tonta! ¿Cómo pudiste hacer eso?». De manera natural, mostramos interés por esa mano, para que se pueda curar. Así es como podemos ver a las demás personas de nuestra familia o comunidad que no están del todo bien, a las que se hiere con facilidad, a las que tienen muchas dificultades. No les diremos: «No te portas muy bien, tienes que cambiar». Podemos aprender a cuidar de ellos igual que lo haríamos con nuestra mano izquierda lesionada.

Cuando nos enfadamos con alguien, es porque no somos capaces de ver los numerosos elementos en él que no son él. No vemos que esa persona está exteriorizando la energía del hábito que se le ha transmitido. Cuando observamos en mayor profundidad, podemos aceptar a esa persona con más facilidad. Esto nos sucede también con nosotros mismos. Cuando podemos ver en nosotros todos los elementos que nos han llegado de otras personas, como nuestros padres y nuestros antepasados, y también de nuestro entorno, entonces podemos ver que gran parte de nuestra severidad con nosotros mismos y con los demás procede de otras raíces, de otros elementos. Nos observamos y podemos comprender: «Ah, ese es mi abuelo, juzgando a mi amigo». Cada interacción que se produce con intención y sin juicio aumenta la consciencia plena de los diversos modos en que nuestros pensamientos, palabras y acciones no son solamente nuestros. Nuestros antepasados permanecen siempre en nosotros. Una vez lo entendamos, podremos encontrar la manera de solventar las dificultades que tenemos con los demás y restablecer la paz.

Percepciones erróneas

Dado que con frecuencia estamos atrapados en las imágenes del sufrimiento pasado, desarrollamos fácilmente percepciones erróneas y reaccionamos ante los demás de una manera que genera más sufrimiento. Supongamos que estamos enfadados con alguien porque creemos que trata de hacernos sufrir. Esa es nuestra percepción. Creemos que la intención de la otra persona es hacernos sufrir y amargarnos la vida. Esa percepción produce ira y un tipo de acciones que generarán más sufrimiento para todos los implicados.

En vez de arremeter contra alguien, podemos usar la respiración y el andar conscientes para generar consciencia y discernimiento. Podemos inspirar y espirar, y observar que existe sufrimiento en nosotros y que tenemos percepciones erróneas. Podemos ver también que en la otra persona hay sufrimiento y percepciones erróneas. Hemos alcanzado cierto grado de consciencia, pero tal vez la otra persona no lo haya hecho, porque no sabe cómo reconocer y manejar su sufrimiento y salir de su situación actual. Sufre, se hace sufrir a sí mismo y hace sufrir a quienes le rodean.

En cuanto nos damos cuenta de ello, miramos a esa persona de otra manera. Notamos el sufrimiento en él y podemos ver que no sabe qué hacer con su sufrimiento. Cuando somos capaces de ser conscientes de su sufrimiento y su situación, surge la compasión. Al surgir la compasión, la ira se transforma. No actuaremos buscando el castigo, porque ya no estaremos enfadados.

Aquí interviene el discernimiento. Este nos puede salvar porque nos ayuda a corregir las percepciones erróneas. Cuando las percepciones erróneas desaparecen, la ira, el miedo y la desesperación no tardan en desvanecerse. En su lugar, surge la compasión y la voluntad de ayudar.

La volición es la base de todas nuestras acciones. Cuando tenemos percepciones erróneas, la volición nos motiva a reaccionar de maneras que generan más sufrimiento. Con discernimiento, la volición se convierte en volición positiva. Nos motiva el deseo de ayudar, en vez de castigar. Cuando estamos así motivados, nos sentimos ya mucho mejor, aunque todavía no hayamos hecho nada. Sacamos provecho de esta práctica en seguida. La otra persona, aquella que pensábamos que nos causaba sufrimiento, sacará provecho de ello más adelante.

Subsanar las relaciones con la familia

Tal vez tuvimos un padre que nos consideraba de su propiedad, como su casa, su dinero o su coche. En tal caso, puede que pensara que podía hacer cualquier cosa con nosotros por el hecho de ser «su hijo». No pensaba en nosotros como una persona, como un ser humano, con derecho a pensar, actuar y seguir lo que nosotros creíamos que era hermoso, bueno y verdadero. Solo quería que siguiéramos el camino que él nos había trazado. ¿Por qué algunos padres son así? Hay padres que son diferentes, capaces de tratar a sus hijos con respeto, como seres vivos libres.

Si nuestro padre nos trataba mal, tal vez fuera porque se sentía desgraciado. Su educación y su entorno no le enseñaron a sentir o expresar amor y comprensión. Si le echamos la culpa, si queremos castigarle, sufrirá más, eso es todo. No podemos ayudarle de ese modo. Pero cuando comprendamos que se siente desgraciado, nuestra ira hacia él se disipará. Nuestro padre se convertirá en alguien que necesita nuestro amor más que nuestro castigo.

Por supuesto, tenemos que mantenernos a salvo y no quedarnos a su lado si nos hace daño física o emocionalmente. Pero escapar de nuestro padre no hará más que aumentar el sufrimiento de ambos. Si no tenemos una actitud de atención y cuidado hacia nuestros padres, crearemos un infierno para las dos partes.

Siempre que los padres y los hijos se pelean, salen perdiendo los hijos, pues se supone que los hijos no replican a los padres con el lenguaje que utilizan estos últimos. Los padres pueden pegar a sus hijos, pero los hijos no pueden pegar a sus padres. Los padres pueden insultar a sus hijos, pero los hijos no pueden hacer lo mismo. Como no pueden expresar la violencia que han recibido, enferman. La violencia que reciben permanece en ellos y busca la manera de salir, la manera de expresarse. Si de jóvenes no nos tratamos bien y nos hacemos daño, es porque no tenemos otra manera de expresar la violencia que hay en nosotros. Somos víctimas de la violencia que hemos recibido de nuestros padres y de la sociedad.

Nuestros padres no fueron lo bastante sabios como para evitar la violencia con sus hijos, aunque intentaran amarnos y hacernos felices. Conozco a un joven que estudiaba medicina. Su padre era médico. El muchacho parecía uno de esos jóvenes que se promete que será diferente a su padre. Pero cuando se convirtió en padre, hizo con sus hijos exactamente las mismas cosas que su padre había hecho con él. Les gritaba y los criticaba continuamente.

De niños nos prometemos que haremos lo contrario de lo

que hacían nuestros padres. Sin embargo, cuando tenemos hijos, con frecuencia repetimos los hábitos de nuestros padres. Esta es la rueda del *Samsara*, el ciclo repetitivo del sufrimiento vital de generación en generación. Nuestra práctica se dirige a interrumpir la rueda del Samsara, a detener nuestros hábitos e impedir que afecten a la relación con nuestros hijos.

Ambas generaciones deben ser conscientes de la violencia que nos destroza y destroza a las personas que amamos. Ambas partes tienen que buscar el camino de la observación profunda, porque ambas generaciones son solo víctimas. Los hijos piensan que son víctimas de los padres, y los padres, que son víctimas de los hijos. Seguimos echándonos la culpa unos a otros. No aceptamos el hecho de que la violencia está en ambas partes. En vez de pelearnos entre nosotros, deberíamos unirnos, en tanto que padres e hijos, compañeros, para buscar juntos una salida. Que hayamos sufrido no significa que tengamos que seguir haciéndonos sufrir mutuamente. Unos y otros sufrimos mucho por las mismas causas. Por tanto, deberíamos ser aliados en vez de enemigos. Albergamos suficiente sufrimiento en nosotros como para que nos enseñe a no cometer la misma equivocación. Buda decía: «Ante cualquier cosa que ocurra, trata de ver su naturaleza profunda». Una vez empezamos a comprender su naturaleza, cómo ha llegado a suceder, estamos ya en la senda de la liberación.

Por eso el miembro de una pareja tiene que recurrir a su pareja, el amigo al amigo, la madre a la hija. Juntos nos ponemos de acuerdo en el hecho de que ambas partes hemos sufrido, de que ambas partes albergamos violencia, odio y aflicciones en nuestro interior. En vez de oponernos y echarnos la culpa mutuamente, deberíamos ayudarnos unos a otros y practicar juntos, con la ayuda de un maestro y de nuestra comunidad.

Expandir el corazón

Conozco a un joven que estaba tan enfadado con su padre que decía: «No quiero tener nada que ver con mi padre». Es comprensible. Siente que todo su sufrimiento procede de su padre y quiere ser completamente distinto a él. Quiere estar absolutamente aislado de esa parte de su existencia. Pero si analiza en profundidad, se dará cuenta de que aunque odie a su padre con todo su ser, él *es* su padre, es la prolongación de su padre. Odiar a su padre es odiarse a sí mismo. No hay más alternativa que aceptar a nuestro padre. Si tenemos el corazón pequeño, aún no podremos abrazarle; tenemos que tener un corazón grande. ¿Cómo hacer que el corazón se agrande para que haya en él lugar suficiente para abrazar a nuestro padre?

La práctica de observar en profundidad es la única que ayuda al corazón a expandirse hasta hacerse inconmensurable. Un corazón mensurable no es un gran corazón. Hay cuatro elementos que constituyen el amor verdadero, los llamados «cuatro inconmensurables»: *maitri* (bondad), *karuna* (compasión), *mudita* (alegría) y *upeksha* (ecuanimidad, no discriminación). Practicamos con estos elementos para transformar el corazón en algo inconmensurable. Cuando el corazón empieza a expandirse, a agrandarse, somos capaces de contener y asumir cualquier tipo de sufrimiento. Cuando abracemos el sufrimiento en nosotros, ya no sufriremos más.

Buda describe el corazón inconmensurable con la siguiente analogía. Si cae en nuestro vaso de agua algo de suciedad, no beberemos esa agua, tendremos que tirarla. Pero si ponemos esa suciedad en un río inmenso, podremos aprovechar el agua. El río es grande; puede aceptar la suciedad y podemos beber agua de él.

Cuando el corazón es pequeño, no podemos asumir la cantidad de dolor y sufrimiento que otra persona o la sociedad nos infligen. Pero si el corazón es grande, podemos abrazar el dolor y no tenemos que sufrir. La práctica de los cuatro inconmensurables hace que el corazón sea grande como un río.

La meditación *metta*

Metta significa «bondad». Procede de la palabra *mitra*, que significa «amigo». La meditación *metta* nos ayuda a hacernos amigos de nosotros mismos y de los demás. Comenzamos con una aspiración: «Que yo...». Luego transcendemos el nivel de la aspiración y examinamos en profundidad todas las características positivas y negativas del objeto de nuestra meditación, en este caso, nosotros mismos. La intención de amar no es todavía amor. Observamos en profundidad, con todo nuestro ser, para comprender. No nos limitamos a repetir las palabras; no se trata de una autosugestión. Examinamos en profundidad el cuerpo, los sentimientos, las percepciones, las formaciones mentales y la conciencia, y en solo unas pocas semanas, la aspiración a amar se convertirá en una intención profunda. El amor entrará en nuestros pensamientos, palabras y acciones, y advertiremos que nos hemos vuelto pacíficos, felices y ligeros de cuerpo y espíritu.

Esta meditación del amor está adaptada del *Visuddhimagga* («Camino de purificación») de Buddhaghosa, una sistematización de las enseñanzas de Buda que data del siglo v d.C. Empezamos practicando esta meditación del amor sobre nosotros mismos («que yo...»). Hasta que no seamos capaces de amarnos y cuidar de nosotros mismos, no podremos ser de mucha ayuda para los demás. Una vez conseguido, practicaremos para los demás («que él/ella...», «que ellos/ellas...»); primero pensando en alguien que nos caiga bien, luego en alguien que no nos caiga ni bien ni mal, luego en alguien al que amamos y, finalmente, en alguien que nos haga sufrir.

Que yo me sienta pacífico, feliz y ligero en cuerpo y espíritu.
Que yo esté a salvo y libre de daño.
Que yo esté libre de la ira, las aflicciones, el miedo y la inquietud.

Que yo aprenda a observarme a mí mismo con los ojos de la comprensión y del amor.
Que yo sea capaz de reconocer y sentir en mí las simientes de la alegría y de la felicidad.
Que yo aprenda a identificar y ver en mí el origen de la ira, el deseo y la ignorancia.

Que yo sepa alimentar las simientes de la alegría que hay en mí
todos los días.
Que yo sea capaz de vivir con frescura, firmeza y libertad.
Que yo esté libre de apego y aversión, pero no sea indiferente.

El amor no es solo la intención de amar, sino que es la capacidad de reducir el dolor y ofrecer paz y felicidad. La práctica del amor aumenta la contención, la capacidad de ser pacientes y abrazar las dificultades y el dolor. Si tenemos un corazón grande, puede abrazar el dolor sin sufrimiento. Tener contención no significa tratar de reprimir el dolor.

Tratado de paz

Si nosotros y nuestra pareja, nuestra familia, no queremos sufrir, no queremos quedar atrapados en la culpa y la discusión, podemos firmar un tratado de paz.[1] Podemos decir: «Cariño, sé que hay una semilla de ira en ti. Sé que cada vez que riego esa semilla, tú sufres y también me haces sufrir a mí. Por eso me comprometo a abstenerme de regar la semilla de la ira que hay en ti. Lo prometo. Por supuesto, prometo también no regar la semilla de la ira que hay en mí. Por favor, cariño, trata de comprometerte tú a lo mismo. En tu vida diaria, por favor, no leas, veas ni consumas nada que riegue la semilla de la ira y la violen-

1. Para ver el Tratado de Paz que se firma en Plum Village, véase Thich Nhat Hanh, *Touching Peace*, Parallax Press, 2009. Versión castellana de Núria Martí, *Sintiendo la paz*, Ediciones Oniro, Barcelona.

cia que pueda haber en ti. Sabes que tengo en mí una semilla de la ira que es bastante grande. Y cada vez que riegas esa semilla diciendo o haciendo algo, yo sufro y te hago sufrir. Así pues, seamos inteligentes y no reguemos cada uno la semilla de la ira y la violencia que hay en el otro».

Esa es una parte del tratado de paz que podemos firmar con nuestro ser querido: nuestra pareja, nuestro progenitor, nuestro hijo. Es magnífico que podamos tener a otras personas de la familia o de la comunidad como testigos de la firma. De acuerdo con el tratado de paz, cada vez que surja la ira, no diremos ni haremos nada. Entraremos en nuestro interior y cuidaremos de nuestra ira, y practicaremos el examen en profundidad para identificar y conectar con el origen del sufrimiento.

El primer discernimiento que consigamos tal vez es que el principal origen de nuestro sufrimiento es la semilla de la ira que hay en nosotros, y que la otra persona es solo una causa secundaria. Podemos observar a esa persona y ver que no conoce la práctica ni sabe cómo manejar y cuidar la violencia que hay en su interior. Esa persona ha sufrido muchas veces y se ha convertido en víctima de su propio sufrimiento. Por eso sigue sufriendo y haciendo sufrir a la gente que está a su alrededor. Eso es lógico. Necesita ayuda más que castigo. Ese puede ser el segundo discernimiento que tengamos.

Podemos ir más allá. Si esa persona necesita ayuda, ¿quién la ayudará? Nos damos cuenta de que somos la persona que mejor la comprende y tenemos el deber de conectar con nuestro interior y ayudarla. Cuando nace en nosotros el deseo de ayudarla, sabemos que la ira se ha transformado en compasión. Ya no sufrimos más. Estamos motivados por el amor, por la compasión de conectar con nuestro interior y ayudar. Conozco a mucha gente joven que ha practicado en Plum Village y que ha reconectado con su interior para ayudar a sus padres. Ya no odian a sus padres.

Escribir una carta

Conocí a un joven que sentía mucha ira hacia su madre. Yo había pedido a todos los asistentes al retiro del que él formaba parte que escribieran las cualidades positivas de sus padres. El joven se dijo a sí mismo: «Bueno, escribir las cualidades de mi padre es fácil. Pero en cuanto a mi madre, no creo que haya mucho que pueda escribir». Sin embargo, al empezar a escribir, se sorprendió cuando, una tras otra, fue enumerando las cualidades positivas de su madre. No tuvo suficiente con una página. Dio la vuelta a la hoja y siguió escribiendo.

Durante ese tiempo, practicó la observación en profundidad y comprendió que su madre tenía muchas cualidades positivas. Estaba enfadado con ella por una sola cosa, y esa ira había tapado todo lo demás. Al final del ejercicio había redescubierto a su madre como una persona maravillosa. Y como parte siguiente del ejercicio, se sentó a escribirle una carta llena de cariño.

En la carta decía: «Madre, me siento muy feliz y orgulloso de tener una madre como tú». Y mencionaba todas las buenas cualidades que había recibido de ella. Una semana más tarde recibió una llamada telefónica de su esposa, en Estados Unidos, que le dijo: «Tu madre se puso muy feliz cuando leyó tu carta. Dijo que había redescubierto a su maravilloso hijo. Y dijo que si su propia madre hubiera estado viva todavía, le habría gustado escribirle una carta como esa».

Después de esa conversación con su esposa, el joven se sentó para escribir otra carta a su madre: «Madre, si observas en profundidad, verás que mi abuela está todavía viva en ti, en cada célula de tu cuerpo. Y estoy seguro de que si te sientas y le escribes una carta, mi abuela podrá leerla. No es demasiado tarde». La relación entre hijo y madre se restableció magníficamente, y no fue necesario mucho tiempo para ello.

Según el tratado de paz, si no hemos sido capaces de transformar nuestra ira después de practicar el abrazo y la observación en profundidad de la otra persona, tenemos que dejar que ella lo sepa antes de que hayan pasado veinticuatro horas. No tenemos derecho a guardarnos la ira más de veinticuatro horas; tenemos que contárselo. No es sano que nos la guardemos. En lugar de ello, iremos a ver a esa persona y le diremos que estamos enfadados, que sufrimos. Y si sentimos que todavía no podemos decirlo con tranquilidad, podemos escribirlo en una hoja de papel. Y de acuerdo con las cláusulas del tratado de paz, tenemos que entregar la nota antes de la fecha tope.[2]

2. Véase un ejemplo de la nota de paz en la pág. 182.

Tres frases para la reconciliación

En Plum Village practicamos tres frases cuando estamos disgustados con alguien. Puede que quieras escribirlas y guardarlas en tu cartera como recordatorio. La primera es: «Cariño, estoy enfadado. Sufro, y quiero que lo sepas». Con palabras amables le dices la verdad, que sufres, que estás enfadado con él o ella. Podemos sentirnos arrogantes y farisaicos. Cuando la otra persona venga a preguntar si todo va bien, si estamos enfadados, podríamos decir: «¿Yo, enfadado? ¡A mí no me pasa nada!». Pero en vez de eso decimos: «Cariño, estoy enfadado, realmente enfadado. Sufro, quiero que lo sepas». Y si quieres seguir un poco más, puedes decir: «No entiendo por qué me has dicho tal cosa, por qué me has hecho eso. Sufro mucho». Este es el contenido de la primera frase.

La segunda frase es: «Trato de hacerlo lo mejor que puedo». Eso significa que estoy practicando. Significa que sé que cada vez que me enfade, no debo decir ni hacer nada, sino volver a conectar conmigo, con mi respiración, abrazar conscientemente mi ira y observarla en profundidad para ver cómo arraiga en mí. Hago todo lo que puedo. Le mostramos al otro que estamos practicando, que sabemos cómo manejar la ira. Eso inspirará respeto y confianza por su parte. Es también una invitación indirecta a que el otro practique y se pregunte: «¿Qué he dicho, qué he hecho para hacerle sufrir tanto?». Y ese será ya el principio de la práctica. La segunda frase le invita, pues, a analizar en profundidad si ha sido injusto en lo que dijo o hizo.

La tercera frase es: «Por favor, ayúdame», porque tal vez yo solo no pueda transformar este sufrimiento, esta ira. Si somos capaces de ponernos a escribir esta tercera frase, sufriremos ya menos. Cuando nos convertimos en pareja, cuando nos convertimos en amigos en la práctica, tenemos que compartir tanto la felicidad como el sufrimiento. «Ahora sufro, quiero compartirlo contigo y necesito tu apoyo». Si eres capaz de escribir esa línea, habrás vencido tu orgullo. Muy a menudo nos sentimos tan heridos que preferimos irnos a nuestra habitación para llorar solos y rechazamos cualquier ayuda que venga de la otra persona. Nuestro orgullo hace acto de presencia. Queremos castigar al otro, mostrándole que sin él podemos sobrevivir perfectamente. Por eso, esas tres frases son una guía para la práctica. En lugar de rechazar al otro, decimos: «Cariño, estoy enfadado/a contigo, sufro muchísimo, quiero que lo sepas»; «Estoy haciendo todo lo que puedo para afrontar mi sufrimiento»; «Por favor, ayúdame». Puede que quieras escribir estas tres frases en un trocito de papel del tamaño de una tarjeta de crédito y guardarlo en tu cartera. Cada vez que surja la energía de la ira, ya sabes qué tienes que hacer. Sácala y léela. Buda estará contigo en ese momento. Sabes exactamente qué hacer y qué no hacer. Muchos de mis amigos han estado usando estas prácticas y transformando sus relaciones, entre padre e hijo, madre e hija, pareja, etcétera. Y la práctica de la respiración y el caminar consciente nos ayuda mucho a tranquilizarnos. Apelamos a lo mejor en nosotros mismos para hacer frente a la situación. No nos limitamos a reaccionar y permitimos que nuestra ira, nuestra violencia cause más sufrimiento.

Una carta de reconciliación

Estas tres frases pueden ser la base de una carta de reconciliación que podemos escribir. Escribir una carta es un ejercicio muy importante. Aunque tengamos la mejor de las intenciones, si nuestra práctica no es lo suficientemente sólida, podemos irritarnos al hablar y entonces reaccionamos de manera torpe. Esto puede arruinar la oportunidad de reconciliación en esa ocasión. Por eso, a veces es más seguro y fácil escribir una carta. En ella podemos ser perfectamente honrados. Podemos decir a la otra persona que hay cosas que ha hecho que han provocado nuestro sufrimiento, que nos han herido. Podemos escribir todo lo que sentimos en nuestro interior. Al escribir, nuestra actitud debe ser tranquila, tenemos que usar el lenguaje de la paz y de la bondad. Tratamos de establecer un diálogo. Podemos escribir cosas como: «Querido amigo, puede que yo sea víctima de percepciones erróneas, y tal vez lo que aquí escribo pueda no reflejar la verdad. Sin embargo, así es cómo he vivido la situación. Esto es lo que yo siento realmente en mi corazón. Si mis percepciones no son correctas, entonces, por favor, corrígeme. Si hay algo equivocado en lo que escribo, sentémonos y examinémoslo juntos para que podamos aclarar el malentendido». Al escribir, usamos palabras amables. Si una frase no está lo bastante bien escrita, siempre podemos empezar de nuevo y escribir otra frase que sea más amable.

En la carta tenemos que demostrar que tenemos capacidad de ver el sufrimiento de la otra persona: «Querido amigo, sé que has sufrido. Y sé que no eres totalmente responsable de tu sufrimiento». Cuando practicamos la observación en profundidad, descubrimos algunas de las raíces y causas del sufrimiento de la otra persona. Podemos decirle todas esas cosas. Podemos hablarle de nuestro propio sufrimiento y mostrar que entendemos por qué actuó o habló de la manera en que lo hizo.

Podemos tardar una, dos o tres semanas en terminar la carta, porque se trata de una misiva muy importante. Esa carta es crucial para nuestra felicidad. El tiempo que pasamos redactándola es incluso más importante que el año o los dos años que algunos hemos podido pasar escribiendo la tesis doctoral. Nuestra tesis no es tan crucial como esta carta. Redactar una carta así es lo mejor que podemos hacer para hacer un avance significativo y restaurar la comunicación. Nosotros somos el mejor médico, el mejor terapeuta para nuestro ser querido, porque somos el que mejor conoce a esa persona.

No tenemos que estar solos al hacerlo. En la práctica contamos con hermanos y hermanas que pueden proyectar luz y ayudarnos con la carta. Las personas que necesitamos están justo ahí, en nuestra comunidad. Cuando escribimos un libro, pasamos el manuscrito a amigos y especialistas para pedir consejo. Nuestros compañeros practicantes son especialistas, porque todos ellos practican la escucha profunda, la observación profunda y el discurso amable. Por eso, enseñaremos la carta a una hermana y le pediremos que nos diga si el lenguaje es lo suficientemente amable, lo suficientemente tranquilo, y si el discernimiento es lo suficientemente profundo. Después, se la enseñaremos a otro hermano o hermana. Seguiremos con este proceso hasta que sintamos que la carta será capaz de producir una transformación en la otra persona y la sanará.

No hay tiempo, energía o amor que no debamos invertir en esa carta. Y ningún amigo se negaría a ayudarnos en esa importante hazaña. Es crucial que restablezcamos la comunicación con esa persona que tanto nos importa. Puede que sea nuestro padre, nuestra madre, nuestra hija o nuestra pareja. Puede ser la persona que está sentada a nuestro lado. Podemos empezar inmediatamente. Podemos empezar a escribir esa carta hoy mismo. Descubriremos que con tan solo un lápiz y una hoja de papel podemos practicar y transformar nuestra relación.

Mientras practicamos meditación sentados o caminando, mientras trabajamos en el jardín, limpiamos o cocinamos, no pensamos en la carta. No obstante, todo lo que hagamos estará relacionado con la misiva. El tiempo que pasamos escribiendo en nuestro escritorio es solo el tiempo de poner los sentimientos en el papel. Pero no es ese el momento justo en el que producimos la carta. Creamos la carta cuando regamos el huerto, cuando practicamos la meditación caminando, cuando cocinamos para la comunidad. Todas estas prácticas nos ayudan a gozar de mayor estabilidad y calma. La atención plena y la concentración que generamos pueden ayudar a que crezca la semilla de la comprensión y la compasión que hay en nosotros. Si la carta procede de la atención plena que hemos estado generando a lo largo de todo el día, será una misiva maravillosa. Aunque no estemos pensando en la carta que escribiremos a nuestro ser amado, la carta se está escribiendo en lo más profundo de nuestra conciencia.

No podemos limitarnos a sentarnos a escribir. Tenemos que hacer también otras cosas. Beber té, preparar el desayuno, lavar la ropa, regar el jardín. El tiempo dedicado a hacer estas cosas es sumamente importante. Tenemos que hacerlas bien. Tenemos que ponernos al cien por cien a guisar, regar el huerto o fregar los platos. Debemos disfrutar de todo lo que hacemos, y hacerlo en profundidad. Esto es muy importante para nuestra carta y para cualquier otra cosa que queramos generar.

La iluminación no está disociada del hecho de lavar los platos o de cultivar una lechuga. La práctica consiste en aprender a vivir cada momento de la vida diaria en profundidad, con mindfulness y concentración. La conceptualización y la creación de una obra de arte se producen justo en esos momentos de la vida cotidiana. El momento en que empezamos a escribir la canción o el poema no es más que el momento de traer al mundo al bebé. El bebé tiene que estar ya en nosotros para que podamos traerlo al mundo. Si el bebé no está en nosotros, aunque nos sentemos durante horas y horas en nuestro escritorio, no habrá nada que traer y no podremos producir nada. Nuestro discernimiento, nuestra compasión y nuestra facultad de escribir de una manera que conmueva el corazón de la otra persona son flores que se abren en nuestro árbol de la práctica.

Deberíamos hacer buen uso de cada momento de la vida diaria para permitir que florezcan el discernimiento y la compasión.

Es la energía del mindfulness presente en nosotros la que nos permite escribir una carta de amor real y reconciliarnos con la otra persona. Una carta de amor real está hecha de discernimiento, comprensión y compasión. Si no, no es una carta de amor. Una auténtica carta de amor puede producir una transformación en la otra persona y, por lo tanto, en el mundo. Pero antes de que produzca una transformación en la otra persona, tiene que producir una transformación en nuestro interior. Escribir ciertas cartas puede llevarnos toda la vida.

Falta de habilidad

No deberíamos desanimarnos si nos damos cuenta de que hemos sufrido y hemos hecho sufrir a otras personas en el pasado. Si sabemos manejar el sufrimiento, podremos sacarle provecho. Por supuesto, hemos cometido equivocaciones. Por supuesto, no hemos sido muy hábiles. Por supuesto, nos hemos hecho sufrir. Por supuesto, hemos hecho sufrir a las personas que nos rodean. Pero eso no nos impide comenzar de nuevo y hacer las cosas mucho mejor el año que viene, o incluso dentro de un momento. Deberíamos considerar el sufrimiento de manera que pueda convertirse en algo positivo. Todos hemos cometido errores y hemos sido torpes. Pero eso no nos impide mejorar, volver a empezar y transformarnos.

Cuando algo está mal, queremos arreglarlo ya. Queremos hacer que el dolor y el sufrimiento, lo que está mal, desaparezca tan rápidamente como sea posible. Pero cuando surge alguna dificultad, el primer paso no es arreglarla, sino reconocerla. Después de haber pasado algún tiempo con nosotros mismos, nos es más fácil acercarnos a la persona con la que estamos batallando. Podemos decir: «Cariño, sé que en los últimos meses, o en los últimos años, has sufrido mucho. En cierta medida soy responsable de tu sufrimiento. No he estado muy atento. No he comprendido lo suficientemente tu sufrimiento y tus dificultades. Puede que haya dicho o hecho cosas que empeoraran la situación. Lo siento. No pretendía hacerlo. Quiero tu felicidad, tu seguridad, tu libertad y tu alegría. Dado que no te he sabido entender bien, ni he entendido lo bastante tu sufrimiento, en ocasiones he sido torpe. Puedo haberte dado la impresión de que quiero que sufras. Pero no es cierto. Por eso, te pido por favor que me hables de tu sufrimiento para que no vuelva a cometer el mismo tipo de error. Tu felicidad es crucial para mi felicidad. Necesito tu ayuda. Cuéntame tus miedos, tus preocupaciones, tus dificultades, para que pueda ayudarte con más facilidad». Este es el tipo de lenguaje que nace de esa consciencia.

Muchas personas no están lo bastante atentas para ver las dificultades, el sufrimiento, el enfado y el dolor de sus hijos. Un padre o una madre debería ser capaz de hablar a su hijo o hija con un lenguaje que viniera directo del corazón. Y al aprender a hablar así, será capaz de restablecer la comunicación y hacer las paces con él o ella. Así puede iniciarse el proceso de reconciliación.

Todo el mundo sabe que la paz debe comenzar con uno mismo. Pero no todo el mundo sabe cómo hacerlo. Cuando hemos generado la energía del mindfulness y el sufrimiento se ha transformado en comprensión y compasión, es mucho más fácil que tenga lugar la reconciliación. Antes de eso, es imposible. El orgullo, la ira y el miedo al sufrimiento obstaculizan el camino. Pero mediante el mindfulness, la comprensión puede entrar en el territorio del corazón y puede surgir de repente el néctar de la compasión.

Reconciliarnos con nosotros mismos

Una pareja que estaba a punto de casarse en Plum Village vino a mí y me preguntó: «Quedan solamente veinticuatro horas para la boda. ¿Cómo podemos prepararnos antes para que nuestro matrimonio sea un éxito?». Contesté: «Lo más importante es que miréis profundamente en vosotros mismos para ver si todavía hay algún obstáculo en vosotros. ¿Hay, en este momento, alguien con quien no os hayáis reconciliado? ¿Algo con lo que no os hayáis reconciliado?». La reconciliación no siempre tiene por objeto a otra persona, sino que es la reconciliación con uno mismo. Hay muchos conflictos en nosotros y tenemos que sentarnos para armonizarnos con ellos. Tenemos que practicar la meditación profunda, caminando o sentados, para comprender y ver muy claramente la situación y lo que se tiene que hacer.

Practicamos la meditación caminando o sentados, guisamos, fregamos los platos, y todas esas actividades sirven para que observemos en profundidad y veamos lo que hay que hacer para comenzar de nuevo. Resultó que había muchas cosas que la pareja tenía que hacer antes de la boda, y solo les quedaban veinticuatro horas. Había un amigo con el que tenían que reconciliarse muy rápidamente. ¿Cómo podían enviarle una carta en veinticuatro horas? Basta con que la reconciliación se haga interiormente, porque el resultado, el efecto de esa reconciliación se dejará notar en todo más adelante.

Aunque la persona con la que nos queramos reconciliar esté muy lejos, aunque se niegue a coger el teléfono o a abrir una carta, aunque haya fallecido, todavía es posible la reconciliación. Esa persona puede ser nuestro padre, nuestra madre, nuestra hermana, nuestra hija o nuestro hijo. Esa persona puede estar todavía viva o haber fallecido ya. Pero la reconciliación sigue siendo posible, pues se trata de trabajarla primero en nosotros mismos de manera que pueda restablecerse la paz. Sabemos que existe la posibilidad de volver a empezar, de volver a hacerlo todo de nuevo. Nuestra madre puede haber muerto. Pero si miramos en profundidad, vemos que está todavía viva en nosotros. No podemos *ser* sin nuestra madre. Aunque la odiemos, aunque estemos enfadados con ella, aunque no queramos pensar en ella, ella sigue estando en nosotros. Y aún más, ella es nosotros. Y nosotros somos ella. Somos la hija o el hijo de nuestra madre. Somos la prolongación de nuestra madre. Somos nuestra madre, nos guste o no. La reconciliación se gesta en el interior de uno mismo. Reconciliarse con la madre, el padre, el hijo, la hija o la pareja significa reconciliarse con uno mismo.

A veces lamentamos no haber dicho las cosas apropiadas a algún familiar antes de que muriera. Lamentamos no haber sido amables con esa persona en vida. Ahora podemos pensar que es demasiado tarde. Pero no tenemos que sentir ese tipo de pesar. Esa persona sigue estando en nosotros, y nosotros podemos comenzar de nuevo. Le sonreiremos y le diremos las cosas que debiéramos haber dicho y que no tuvimos la oportunidad de decir. Dilo justo ahora y lo oirá. A veces no tenemos que decir nada. Nos limitaremos a vivir con el espíritu que hemos encontrado en la práctica de comenzar de nuevo, y esa persona lo sabrá.

A un veterano estadounidense que había matado a cinco niños en Vietnam le dije: «No tienes que seguir sufriendo a causa de los cinco niños que mataste. Si sabes cómo vivir tu vida, cómo salvar a los niños del presente y del futuro, esos cinco niños te comprenderán, te sonreirán y te apoyarán en tu sendero de práctica». No hay ninguna razón por la que debamos quedar atrapados en nuestro complejo de culpa. Todo es posible. El pasado no se ha ido. El pasado está todavía disponible en la forma del presente. Si sabemos cómo conectar en profundidad con el presente, conectaremos con el pasado e incluso podremos cambiarlo. Esa es la enseñanza de Buda. Si hemos dicho algo desagradable a nuestra abuela que ya murió, podemos empezar de nuevo. Nos sentaremos, practicaremos la inspiración y la espiración conscientes, y le pediremos a nuestra abuela que esté allí, en nosotros. Le sonreiremos y diremos: «Abuela, lo siento. No volveré a decir algo así». Y veremos sonreír a nuestra abuela. Esa práctica nos traerá paz, nos renovará y llevará un montón de alegría y felicidad a quienes nos rodean y a las generaciones futuras.

Cuando herimos a otras personas

¿Qué podemos hacer cuando herimos a alguien y a raíz de ello esa persona nos considera su enemigo? Esa persona podría ser miembro de nuestra familia, de nuestra comunidad, o estar en otro país. Creo que sabemos la respuesta. Hay algunas cosas que podemos hacer. La primera es dedicar tiempo a decir: «Lo siento. Te hice daño por mi ignorancia, por mi falta de atención, por mi torpeza. Trataré de hacer todo posible para ser más comprensivo. No te diré nada más por el momento. No quiero herirte de nuevo». A veces no tenemos la intención de herir, pero al no estar lo bastante atentos o no ser lo suficientemente hábiles, acabamos hiriendo a alguien. Es muy importante ser concientes en la vida diaria, de modo que podamos hablar de una manera que no hiera a los demás.

Lo segundo que hay que hacer es tratar de sacar lo mejor de nosotros mismos, nuestra flor, para transformarnos. Es la única manera de demostrar lo que acabamos de decir. Cuando hayamos renovado nuestra actitud y nos mostremos agradables, la otra persona lo notará muy pronto. Entonces, cuando haya oportunidad de acercarnos a ella, podemos presentarnos ante ella como una flor, y ella notará inmediatamente que somos muy diferentes. Puede que no tengamos que decir nada.

Al vernos así, nos aceptará y nos perdonará. Eso es hablar con nuestra vida y no solo con palabras.

Cuando empezamos a ver que nuestro «enemigo» sufre, estamos al inicio del discernimiento. Cuando vemos en nosotros mismos el deseo de que la otra persona deje de sufrir, eso es un signo de amor auténtico. Pero cuidado. A veces podemos pensar que somos más fuertes de lo que realmente somos. Para poner a prueba nuestra fuerza real, trataremos de acercarnos a la otra persona para escucharla y hablar con ella. Descubriremos en seguida si nuestra compasión amorosa es real. Necesitamos que la otra persona esté allí para poner a prueba nuestra fuerza. Si solo meditamos sobre un principio abstracto, como la comprensión o el amor, puede tratarse únicamente de nuestra imaginación, en vez de una comprensión real o un amor real.

Reconciliarse significa dejar atrás la visión dualista y la tendencia a querer castigar a la otra persona. La reconciliación se opone a toda forma de ambición, y no toma partido. La mayoría de la gente quiere tomar partido en un conflicto. Distinguimos lo justo de lo injusto basándonos en pruebas parciales o en habladurías. Pensamos que necesitamos indignación para actuar. Pero incluso siendo legítima, la indignación justa no es suficiente. ¡El mundo no carece de personas dispuestas a lanzarse a la acción! Lo que necesitamos son personas capaces de amar y de no tomar partido, de manera que puedan abrazar la realidad entera.

Tenemos que seguir practicando el mindfulness y la reconciliación hasta que veamos los cuerpos de los niños hambrientos como si fueran el nuestro, hasta que el dolor de los cuerpos de todas las especies sea el nuestro. Entonces habremos alcanzado la no discriminación, el amor auténtico. Entonces podremos mirar a todos los seres con los ojos de la compasión, y podremos hacer un trabajo real para ayudar a aliviar el sufrimiento.

¿Qué nos impide ser felices?

Cuando practicamos, es porque queremos aprender de nuevo a caminar, a respirar, a sentarnos; a caminar de manera que sean posibles la paz y la alegría durante todo el tiempo que caminamos; a inspirar de manera que haya paz, vida y compasión. Al desayunar, comamos de tal forma que se posibilite la libertad y la alegría. Es algo que aprendemos, algo para lo que podemos prepararnos con la ayuda de la *Sangha*, de nuestros hermanos y hermanas en la práctica. Hay quienes son capaces de respirar con atención plena, de disfrutar y saborear el momento presente. Una inspiración puede aportar mucho placer. «¡Al inspirar, estoy vivo!» Es el momento de celebrar la vida que está ahí. Sabemos que estamos vivos, y es posible vivir la vida de verdad, celebrar la vida a cada momento. Al inspirar, sé que estoy vivo. Al espirar, sonrío a la vida.

Todo el mundo puede hacerlo. Todo el mundo puede inspirar y celebrar la vida con cada inspiración. Pero hay algo que se interpone en nuestro camino. Al andar, cada paso puede ayudarnos a conectar con las maravillas de la vida que están ahí. Sabemos que la primavera está ahí, que el sol está ahí, que la vida está ahí, que las flores nos sonríen. Teóricamente, deberíamos ser capaces de conectar con esas maravillas para que nos nutran, para que nos sanen. Pero algo se interpone en nuestro camino y nos impide ser felices y estar a gusto. Hemos perdido la sonrisa.

Sin embargo, podemos recuperarla. Cada paso que damos, conectando con la vida y sus maravillas, puede convertirse en una celebración de la vida. Al andar así, andamos con libertad, libres del sufrimiento, del miedo y de la desesperación. Esa libertad es la base de la felicidad. Cuando andamos, lo hacemos como una persona libre. Y cuando somos libres, podemos conectar con las maravillas de la vida que nos sanan y nos nutren.

¿Qué nos impide andar así, celebrar la vida a cada paso que damos? ¿Cuál es ese obstáculo? Tenemos que identificarlo y llamarlo por su nombre. ¿Qué nos impide andar, respirar o desayunar con alegría y felicidad? Sabemos muy bien que el presente es el único momento en el que podemos conectar con la vida. El pasado ya no está aquí; el pasado ya está dotado de vida. Y el futuro todavía no ha llegado. El pasado no es algo real; el futuro, tampoco. Solo es real el momento presente. Por eso, la práctica consiste en conectar con el momento presente, estar disponibles para el momento presente, anclarnos en el momento presente; así podremos conectar con la vida y vivirla realmente. Y eso se hace con un solo paso, con una sola respiración, con una taza de té, con un desayuno, con un tañido de campana. Y todo eso nos devuelve al momento presente para que podamos vivir nuestra vida. Nos preparamos para andar de manera que cada paso, cada inspiración, cada espiración nos aporte felicidad, nos aporte vida.

Transformar el pasado en el momento presente

Quizá veamos que no tenemos ningún problema mientras estamos en el retiro o en el centro de práctica, pero al volver a casa, el problema, tal vez la otra persona, estará allí. Hemos pasado por un montón de dificultades en el pasado y pensamos que él o ella es un problema, y que por eso no nos es posible respirar, contemplar los narcisos, porque siempre estamos pensando en el momento en que tendremos que volver a casa y ver a esa persona. Así no somos libres. No podemos disfrutar realmente de la inspiración y la espiración, porque no dejamos de pensar en eso. Nos deslizamos una y otra vez hacia el pasado. Sin embargo, podemos afianzarnos realmente en el aquí y el ahora; solo podemos vivir el aquí y el ahora.

El miedo a enfrentarnos a la otra persona no debe preocuparnos. Al observar en profundidad, vemos que tenemos la capacidad de dominar la situación con la práctica de la respiración consciente y de afianzarnos en el momento presente. Somos capaces de manejar todo tipo de circunstancias. Es como saber usar el gas para cocinar y la electricidad para calentar la casa. Si no sabemos lo bastante sobre cómo se usan, el gas o la electricidad nos pueden matar. Pero en realidad sabemos lo suficiente. Aunque no lo sepamos todo sobre la electricidad, ni seamos electricistas profesionales, sabemos lo suficiente de electricidad como para poder usarla. Por eso no tenemos miedo de electrocutarnos. No nos dan miedo la electricidad ni el gas porque sabemos cómo manejarlos y usarlos. Podemos morir a consecuencia del gas o la electricidad, pero no porque esas energías quieran matarnos. No, desde luego que no. En realidad, el gas puede ayudarnos a cocinar, a hacer buenos platos, y la electricidad puede resultarnos útil de múltiples formas en casa.

Sucede lo mismo con la otra persona. No desea hacernos sufrir, en absoluto. Es nuestra propia incapacidad para «interser» con esa persona lo que nos ha hecho sufrir. Tenemos que comprender lo suficiente a esa persona. Si entendemos cómo actúa, ocurre lo mismo que con el gas o la electricidad: ya no hay ningún peligro, por eso ya no sufrimos. Esa persona no tiene la intención de hacernos sufrir ni de herirnos. Puede pasar por dificultades, puede sufrir y no sabe cómo manejar ese sufrimiento y ocuparse de él. Por eso sufre y nos hace sufrir. Pero si somos conscientes de todo esto y sabemos lo suficiente sobre la otra persona, veremos que no vale la pena sufrir más por ello.

Si esa persona dice algo desagradable que nos haga sufrir, será como encender el gas. Conocemos la naturaleza del gas y tenemos que ser cuidadosos, eso es todo. La otra persona está sufriendo y todavía no ha aprendido la manera de manejar su sufrimiento. Por eso sigue sufriendo y haciendo sufrir a los demás. Si los demás la conocen bien y saben cómo tratarla, no sufrirán por su causa. Y también podremos ayudarla a sufrir menos.

Cuando esa persona nos mira y dice algo cruel, si tenemos compasión y comprensión en nosotros, estamos protegidos.

Sabemos muy bien que sufre. No puede manejar su sufrimiento. Necesita compasión, ayuda. Si albergamos en nuestro interior esa comprensión y ese discernimiento, estaremos protegidos, ya no sufriremos por lo que diga o haga. Podremos estar motivados por el deseo de hacer algo; no de reaccionar, sino de responder de una manera que pueda ayudarla a sufrir menos. La comprensión y la compasión nos protegen. Es como conocer la naturaleza del gas o de la electricidad. La otra persona es de la misma naturaleza. No quiere hacernos daño, ni hacernos sufrir. Está sufriendo y tenemos que ayudarla.

Estamos allí sentados, observamos en profundidad, ya no tenemos miedo, y nos decimos: «Cuando vuelva a verla, adoptaré esta actitud, no sufriré más. Encontraré una manera de ayudarla para que sufra menos». Estamos armados, estamos equipados con compasión y comprensión, y ya no tenemos miedo. Somos libres. Por eso es posible la felicidad en el momento presente. La flor nos ha estado guardando nuestra sonrisa, y podemos volver a cogerla inmediatamente y disfrutar de esa sonrisa.

¿Tienes un problema justo ahora, en este momento? Echa un vistazo a tu forma física, tus sentimientos, tus percepciones. ¿Tienes un problema? Si vemos que no tenemos ningún problema en el momento presente, no deberíamos dejar que los fantasmas del pasado nos dominen. No deberíamos permitir que las proyecciones del pasado o del futuro nos abrumen. Son solo fantasmas. Esa es la razón de que nos preparemos para estar siempre en el momento presente. En eso consiste nuestra práctica. Ese es nuestro sendero. Ese es el camino a la reconciliación.

Ocho
Convertirse en bodhisattva

Muchos de nosotros practicamos la meditación sentada para huir del sufrimiento, porque la meditación sentada proporciona tranquilidad, relajación, y ayuda a dejar atrás el mundo de desdicha y conflicto para experimentar, en cambio, alegría y felicidad. Nos sentamos para sufrir menos; nos comportamos como un conejo que vuelve a entrar en su madriguera para sentirse protegido. Nos sentamos como un conejo en nuestro agujero para que no nos molesten, queremos dejar atrás el mundo. Lo hacemos porque sufrimos mucho, porque queremos cierto descanso, cierto escape. Pero ese no es el verdadero propósito de la meditación. Cuando nos sentamos como un conejo, solo estamos tratando de evitar el sufrimiento. Tenemos que usar la inteligencia y la concentración para conseguir discernimiento, transformar el sufrimiento interior y convertirnos en un buda, en un iluminado, en una persona libre.

En el budismo existe el concepto de los tres mundos: el mundo del deseo, el mundo de la forma y el mundo de la no forma. Tenemos capacidad para desprendernos del deseo; practicamos la renuncia al mundo del deseo para conseguir alegría y felicidad. Ese es el primer paso de la práctica. Pero aunque hayamos abandonado el reino del deseo, el discurso mental continúa. Por eso practicamos el silencio, para detener el discurso mental. El discurso mental está constituido por dos elementos: *vitarka* y *vicara*. *Vitarka* es el pensamiento inicial y *vicara* es el pensamiento reflexivo y continuado.

No podemos dejar de pensar. Hay una grabación de audio funcionando continuamente en nuestra cabeza; es el ruido provocado por el discurso mental que siempre está en marcha. Para detener ese discurso mental se nos enseña a reconocer la inspiración y la espiración. Para detener el pensamiento debemos limitarnos a habitar en la inspiración y la espiración. Al disfrutar de la inspiración y la espiración, podemos parar el discurso mental. Y se produce el silencio. Por eso podemos sentarnos ahí y disfrutar de la inspiración y la espiración, disfrutar del silencio, de la no presencia del discurso mental, disfrutar de cierta alegría, de cierta felicidad.

Pero eso no basta. Si nos limitamos a practicar eso, tres años más tarde es posible que dejemos la comunidad de práctica. Y cuando la hayamos dejado y hayamos vuelto al mundo, veremos de nuevo cuánto sufrimiento hay en él. Y después de tres meses o un año en ese mundo, querremos volver de nuevo a la comunidad. Y así sucesivamente. Tal vez sigamos practicando de ese modo: alegría y felicidad nacidas del silencio, nacidas del dejar atrás.

Ese es un toque de atención del mindfulness que nos dice que tenemos que profundizar más. Cuando nos somos felices como practicantes, culparemos a otras cosas de nuestra infelicidad. Diremos que si no somos totalmente felices, es debido a las condiciones externas y del mundo que nos rodea; la causa no está en nosotros. Este es un problema en todas las comunidades de práctica. Pero si sabemos cuál es el problema, podremos crear nuestra comunidad de manera que todo el mundo pueda comprender que si no son felices, es porque no saben cómo conservar su felicidad. No saben cómo profundizar más para transformar el dolor, la ansiedad, el sufrimiento profundo que todavía permanece en lo profundo de la conciencia.

Ese sufrimiento puede ser el sufrimiento soportado durante la infancia. Pueden haber abusado de nosotros siendo niños. O puede que nuestro sufrimiento sea el sufrimiento de nuestro padre, o de nuestra madre, que tal vez fueron maltratados de niños, y ahora su sufrimiento ha pasado a ser nuestro. Aunque solo tengamos una vaga sensación de sufrimiento, tenemos que practicar para entrar en contacto con él, y podemos usar el discernimiento para reconocerlo. Y si necesitamos sufrir, entonces diremos: «Sufriré porque sé cómo es este sufrimiento, aprenderé y me hará bien». Es como comer melón amargo. No tenemos miedo. Sabemos que el melón amargo es beneficioso para nosotros.

Por eso, cuando surja el sufrimiento, quédate donde estés y dale la bienvenida, ya sea tu ira, tu frustración o tu anhelo de algo no satisfecho. Aunque ese bloqueo de sufrimiento no tenga ningún nombre, y todavía no puedas nombrarlo, sigue siendo sufrimiento. Así que estate preparado para saludarlo, abrazarlo tiernamente y vivir con él.

Cuando hayamos aceptado el sufrimiento y estemos preparados para sufrir, ya no nos molestará más. Sentiremos que somos capaces de vivir con él porque nos hace bien y, como el melón amargo, nos sana. Por eso permitimos que el sufrimiento esté en nosotros. Lo aceptamos y estamos preparados para sufrir un poco con el fin de aprender. Si no aceptamos y abrazamos tiernamente el sufrimiento, no sabremos lo que es. Y no llegaremos a saber que puede instruirnos y traernos alegría y felicidad. Sin sufrimiento, sin la comprensión del sufrimiento, es imposible la verdadera felicidad.

El fin del malentendido

Durante la guerra de Vietnam, millones de personas creían que yo era comunista y otra gente pensaba que yo era agente de la CIA. Si estás en una situación así, puedes sufrir mucho. Puedes sentir que eres víctima de un malentendido y de una injusticia. Puedes pensar que tu sufrimiento solo terminará cuando la gente deje de pensar que eres un comunista o un agente de la CIA. Sin embargo, puedes hacer algo más: aceptar la situación. Sí, puede haber millones de personas que crean que eres comunista y millones más que crean que perteneces a la CIA. Pero esa es solo su manera de ver las cosas. Yo no soy ni comunista ni agente de la CIA, así que no hay ninguna razón para que tenga que sufrir. Solo viviendo mi vida, mediante mis acciones, mis palabras, puedo demostrarme que tengo una buena causa, la causa de la paz y la reconciliación. Cuando somos capaces de hacer esto, ese tipo de sufrimiento ya no nos vuelve a preocupar.

El sufrimiento está hecho de malentendidos, ira, odio e ignorancia. Si confiamos en los demás para que resuelvan por nosotros ese tipo de causas, quizá tengamos que esperar mucho tiempo. Tenemos que profundizar más y hacer uso de la concentración y el discernimiento para darnos cuenta de que la gente que nos rodea sufre debido a su manera de pensar, a su manera de actuar, a su manera de hablar. Y si sufrimos como ellos, no podremos ayudarles. Por eso tenemos que trabajar la comprensión, transformar nuestro sufrimiento, generar discernimiento y compasión para poder ayudarles luego. Con ese tipo de actitud, con ese tipo de comprensión ya no sufrimos, puesto que gozamos de discernimiento y compasión. El discernimiento y la compasión solo pueden conseguirse con la práctica.

En su tiempo, también Buda se encontró con este tipo de dificultad y de injusticia. En una ocasión, unas personas que habían matado a una bailarina enterraron su cuerpo en el terreno del monasterio y luego informaron a la policía. La policía llegó y descubrió el cuerpo, y empezó a difundirse la noticia de que Buda y los monjes habían tenido relaciones sexuales con la bailarina, la habían matado y luego la habían enterrado. Por la mañana, cuando los monjes se vistieron, cogieron sus cuencos y entraron en la ciudad para pedir limosna, la gente les miraba con esa clase de mirada, llena de sospecha y desprecio, que tan difícil es de soportar. Eso se repitió durante muchos días.

Los monjes fueron a ver a Buda y le dijeron: «Querido maestro, no podemos seguir así. Cada vez que entramos en la ciudad, la gente nos mira de esa forma. Sufrimos mucho». Buda les respondió: «Lo esencial es que no lo habéis hecho, no habéis hecho eso por lo que la gente os condena. Sabéis muy bien que habéis guardado los preceptos. Esta es nuestra práctica. Un día, por la manera en que vivís, por la manera en que practicáis, los malentendidos se disiparán. En el mundo suceden cosas así. Y si tenéis comprensión y compasión, no tenéis que sufrir. Hay grupos de personas que son celosas, que tratan de crear circunstancias que manchen nuestro prestigio. Esas personas deben de sufrir mucho por sus celos para hacer tal cosa. Por eso, tenemos que tratarles con compasión. Con vuestra práctica, algún día podréis ser capaces de ayudarles a despertar y a que vean que lo que han hecho no es digno de personas que están en un camino espiritual». Y de este modo, los *bikshus*, los monjes, no volvieron a sufrir.

Unas semanas más tarde, Anathapindika, un laico que era estudioso y seguidor de Buda, contrató a unos detectives privados, que descubrieron a los autores reales del crimen. Pero la comunidad del Buda había tenido que sufrir durante casi un mes debido al incidente.

Por eso, que sufras un poco, que sufras mucho o que no sufras en absoluto depende de ti, de si tienes discernimiento, de si tienes compasión o no. Depende totalmente de ti. Por eso, si necesitas sufrir un poco, permítete sufrir. Abraza el sufrimiento con ternura, súfrelo con todo tu corazón y luego observa profundamente para usar la concentración, el discernimiento, de manera que puedas producir compasión, comprensión, y así no odiarás a las personas que tratan de hacerte sufrir. Y comprométete a practicar para vivir de tal manera que seas capaz de ayudarles más adelante.

Si ha sido tu padre o tu madre quien te ha transmitido el sufrimiento, no le culpes. Digamos que ellos no han tenido la posibilidad de encontrar el Dharma, la práctica; esa es la razón de que continúe en ti. Y si sabes practicar, ayudarás a tu padre en ti, ayudarás a tu madre en ti. Estás preparado para sufrir por él, para sufrir por ella. Pero sufrir de ese modo no es algo negativo. Sufres para encontrar una salida. Permítete sufrir un poco. No trates de evitar el sufrimiento. Esta es una práctica maravillosa. Muchos niños empiezan odiando el melón amargo, pero al crecer, ¡les gusta comer sopa de melón amargo!

La situación más difícil es cuando sabemos que el sufrimiento está ahí, pero desconocemos su naturaleza. Es algo vago; no podemos llamarlo por su nombre. Está verdaderamente ahí, en nosotros, pero nos cuesta poner sobre él la luz de la conciencia para reconocerlo. Esto se debe a que hay algún bloqueo en nosotros, alguna resistencia, y de ahí la tendencia a escapar y no entrar en él para reconocerlo. Como sabemos, esta es una tendencia de la conciencia-receptáculo. Cada vez que estamos a punto de entrar en contacto con el sufrimiento, nos resistimos a tocarlo y escapamos. Lo llevamos haciendo mucho tiempo, y por eso no hemos tenido la oportunidad de encontrarlo, reconocerlo e identificarlo. Así que debemos decirnos a nosotros mismos que no seguiremos haciendo lo mismo. Cada vez que se acerque a nosotros, no trataremos de evitarlo. Nos detendremos y le daremos la bienvenida. Y con observación, con mindfulness, seremos capaces de identificar ese sufrimiento más tarde, porque cualquier bloqueo de sufrimiento tratará siempre de manifestarse. Y no tenemos que regresar al pasado para encontrarlo y reconocerlo. Tan solo permaneceremos en el momento presente, con vigilancia, con atención plena, y se manifestará de una manera u otra. Cuando reconozcamos los signos de su manifestación, podremos identificar su naturaleza.

La práctica de la meditación budista se centra en el momento presente. No tenemos que volver al pasado, a la infancia, para encontrar el sufrimiento y la causa del sufrimiento. Permanecemos justo en el momento presente y observamos. Ese sufrimiento que ahonda sus raíces en el pasado, tal vez en vidas pasadas, acabará manifestándose. De hecho, se manifiesta todos los días, y podemos identificarlo por sus manifestaciones.

Homo consciente

Buda fue uno de los ejemplos más hermosos de la especie humana que llamamos *Homo consciente*. Teníamos el *Homo erectus* (hombre erguido), el *Homo habilis* (hombre diestro) y el *Homo sapiens* (hombre pensante). Ahora tenemos la expresión *Homo consciente* (hombre consciente). *Homo consciente* es el ser humano que está despierto, plenamente atento. Es una expresión que han usado otras personas; no la he inventado yo.

Cuando los seres humanos son conscientes («me pondré enfermo..., envejeceré..., moriré...»), esa consciencia puede producir ansiedad, miedo y angustia, lo cual puede influir negativamente en la salud. La gente se pregunta si las otras especies tienen menos consciencia y no sufren pensando en el futuro. Dado que los seres humanos tenemos esa angustia, planteamos preguntas filosóficas como: ¿quién soy?, ¿qué será de mí?, ¿existí en el pasado?; para el caso: ¿qué clase de animal fui?, ¿existiré en el futuro?; en tal caso, ¿qué clase de animal seré? Todas estas preguntas proceden de esa angustia y crean una gran cantidad de enfermedad y malestar. Y preguntas como: «¿Me querían mis padres?, ¿fue accidental que yo naciera?, ¿me quiere alguien?», también proceden de esa angustia y del pensamiento que se basa en ella.

Pero la capacidad de ser conscientes (es decir, ser un ser humano consciente) es lo que nos salvará. Esa consciencia nos ayudará a saber que el entorno de este planeta pertenece a todas las especies y a comprender que la especie humana está destruyendo el medio ambiente. Cuando las personas sean conscientes del sufrimiento que provoca la opresión política, la injusticia social, cuando puedan ver realmente esas cosas, serán capaces de dejar lo que estén haciendo y ayudarán a otros a detenerse para tomar un camino distinto, un camino que no destruya el planeta. Ser conscientes de las cosas nos produce ansiedad y angustia. Pero si sabemos usar esa consciencia, esa atención plena, seremos capaces de ver en qué estado nos encontramos. Sabremos lo que debemos y no debemos hacer para transformar las cosas y propiciar la paz, la felicidad y una vida para el futuro.

La meditación sentada no tiene por objeto llegar a ningún tipo de iluminación en el futuro. Al sentarnos, tenemos la posibilidad de estar plenamente con nosotros mismos. Sentados en el cojín, respiramos de tal manera que llegamos a estar plenamente vivos; estamos plenamente en el presente, en el aquí y el ahora. Tener tiempo para sentarse, tener tiempo para andar, tener tiempo para cepillarse los dientes, tener tiempo para disfrutar del agua que corre cuando te enjuagas el jabón de las manos: eso es civilización.

Cuando comemos con alguien, deberíamos hacerlo de tal manera que permita el sosiego, la comodidad y la felicidad, porque comer juntos es realmente una práctica profunda. Igual que a la hora de respirar, sentarse, andar y trabajar, come de manera que tus antepasados coman contigo. Tu padre come contigo, tu abuelo y tu abuela comen contigo. Siéntate cómodo, como quien no tiene problemas ni inquietudes. Buda nos enseñó que cuando comemos, no deberíamos permitirnos estar perdidos en pensamientos y conversaciones sin sentido. Deberíamos habitar en el momento presente para estar plenamente en contacto con la comida y la *Sangha* que nos rodea. Comamos de manera que seamos felices, que estemos a gusto, que tengamos paz, para que cada uno de nuestros antepasados y descendientes en nosotros pueda beneficiarse de ello.

Cuando tenía cuatro o cinco años, cada vez que mi madre iba al mercado me traía un pastel de pasta de judías. Mientras ella estaba fuera, yo jugaba en el jardín con los caracoles y las piedras. Cuando mi madre volvía, me sentía muy feliz al verla, cogía el pastel que me daba y salía a comerlo al jardín. Sabía que no debía comerlo muy deprisa. Quería comérmelo lentamente, cuanto más despacio, mejor. Solo mordía un pedacito del borde, para dejar que la dulzura del pastel entrara en mi boca, y miraba hacia arriba, al cielo azul. Miraba hacia abajo, al perro. Miraba al gato. Así es como me comía el pastel, y tardaba media hora en acabármelo. No tenía preocupaciones. No pensaba en la fama, el honor o las ganancias. De manera que el pastel de mi infancia es un recuerdo, un recuerdo maravilloso. Todos hemos vivido momentos así, cuando no ansiábamos nada ni lamentábamos nada. No nos planteábamos preguntas filosóficas como «¿quién soy?». ¿Somos capaces de comernos un pastel así ahora, de bebernos así una taza de té, y de gozar del entorno?

Podemos aprender a andar de nuevo, firmemente, como una persona libre, sin espíritus que nos persigan. Hemos aprendido a sentarnos, a sentarnos cómodamente, como si estuviéramos sentados sobre una flor de loto en vez de sobre trozos de carbón ardientes; sentados sobre trozos de carbón ardientes, perdemos toda nuestra paz. Aprendemos a respirar, a sonreír, a cocinar. Nuestra madre nos enseñó a comer, a beber, a estar de pie, a andar, a hablar, ¡todo! Ahora tenemos que aprender todas esas cosas de nuevo, con mindfulness. De esta manera naceremos de nuevo a la luz de la consciencia.

Bodhicitta

Bodhicitta es la mente de la iluminación, el espíritu que anima al principiante. Cuando nos sentimos inspirados por el deseo de practicar y transformar nuestro sufrimiento, podemos ayudar a muchas personas que sufren a nuestro alrededor; el estado mental de ese momento es muy hermoso; es el estado mental de un *bodhisattva*, aquel o aquella que alcanza su liberación para ayudar a todos los seres. A veces la llamamos «mente del amor». El amor es lo que nos lleva a practicar. No nos limitamos a tratar de evitar el sufrimiento. Queremos más que eso. Queremos transformar nuestro propio sufrimiento y ser libres para ayudar a muchas otras personas a transformar su sufrimiento. Como monjes, monjas, practicantes laicos, deberíamos mantener vivo ese espíritu del principiante, porque es una fuente poderosa de energía. Nos nutrirá. Con esa fuente de energía practicaremos bien los preceptos. Así tendremos suficiente energía para enfrentarnos a las dificultades a lo largo de nuestra práctica y superarlas. Por eso, alimentar la mente del amor, conservar el espíritu del principiante, alimentar la *bodhicitta* es una práctica muy importante. No la dejes morir después de dos o tres años.

Yo he tenido la dicha de conservar vivo mi espíritu de principiante durante mucho tiempo, y eso que en el sendero de la práctica me he encontrado con muchos obstáculos. De hecho, me he encontrado con muchísimos. Pero no he abandonado, porque la *bodhicitta*, la mente del despertar en mí, era siempre muy fuerte. Por eso, deberías saber que mientras el espíritu del principiante siga estando en ti, siga siendo poderoso, no tienes que preocuparte. Aunque haya muchas dificultades en tu camino, serás capaz de vencerlas. En el momento que sientas que ese espíritu se debilita en ti, debes saber que hay un gran peligro, porque cualquier cosa puede suceder si tu *bodhicitta*, tu espíritu de principiante, es débil. Así que no permitas que se debilite. Cultívalo y sigue siendo un *bodhisattva* durante toda tu vida. Serás una persona feliz. Y serás capaz de generar felicidad para muchas personas.

Segunda parte
Relatos sobre la sanación

Ojitos
Lillian Alnev

El simple hecho de decir que tengo una larga memoria de experiencias traumáticas todavía me encoge el corazón de vergüenza. Hay una lista física, sobre papel, y eso también me avergüenza. Es demasiado larga y espantosa como para parecer real; sin embargo, al mismo tiempo, todo lo que incluye parece trivial. Se me ha dicho que es la culpa del superviviente. Puedo pasarme la vida intentando dejar de comparar y de juzgarme a mí misma.

Algunos de los responsables de esos actos podrían haber sido procesados como criminales si hubieran sido descubiertos. He presenciado muchos ultrajes semejantes cometidos contra otras personas. Pero el acontecimiento más desolador de mi infancia es materialmente insignificante. Es también el mejor ejemplo que tengo de que estoy comenzando a sanar.

El barrio en que crecí era bastante miserable. Todo lo que se dejaba al descubierto se oxidaba de inmediato. Pero la cuenca de los Grandes Lagos era hermosa en todas las estaciones, y los rigores del clima hacían de cada patio una caja de arte natural llena de maderas, rocas, pigmentos y adornos para una niña a la que le encantaba fabricar cosas.

Pasaba todo mi tiempo libre en el exterior, construyendo un poblado en miniatura donde no había escuelas, ni tiendas de bebidas alcohólicas, ni iglesias, ni cárceles. Construí una utopía donde ninguno de mis hostigadores podía tener cabida. Hice casas de palos con tejados de hierba y casas de piedra con techos de corteza. Tallaba carreteras en la morrena glaciar, represaba el agua de lluvia para formar un lago y unos canales. Casa a casa, creció una ciudad. Había una granja sembrada de rábanos y zanahorias gigantescas, gracias a las semillas sustraídas de la huerta familiar.

Mi juguete favorito, los animales de granja y los dinosaurios se instalaban en las casas y formaban una comunidad. Trabajando así, a lo largo de las estaciones, en mi diminuto proyecto de ingeniería civil, desarrollaba la ilusión sensorial de ver el mundo entero desde unos veinticinco centímetros de altura. Mis «ojitos» disfrutaban y yo me sentía protegida.

Un domingo de invierno por la mañana, me desperté temprano y me vestí, emocionada con la idea de ver mi ciudad cubierta por una nueva nevada. Cuando llegué cerca del seto de enebro que protegía la puerta trasera, vi impresas en la nieve las huellas oscuras de unos pequeños zapatos que iban desde la puerta principal hacia mi pueblecito.

Unos zapatos de suela fuerte habían dejado las huellas, en vez de los chanclos de goma de neumático que todos utilizábamos en invierno. Mi primer pensamiento fue lo molesto que alguien se sentiría llevando los zapatos de la escuela en la nieve. La consecuencia que traerían consigo aquellas huellas me golpeó un momento después. Recuerdo que no había huellas de salida. El visitante, así como mi pueblecito y mis animales parecían haberse desvanecido en el aire. Corrí de vuelta a casa chillando, y acusé a mi padre de destrozar mi pequeño mundo a modo de extraño castigo.

Lo que realmente había sucedido sigue siendo incomprensible. Yo había experimentado otras formas de violencia y crueldad, pero nadie hasta entonces me había robado, literalmente hablando. Alguien se había llevado mis animales, mi trabajo, y con ello, mis «ojitos». Empecé a desconfiar de todos. Mi arte se volvió torpe e infrecuente.

Soy afortunada por estar viva. Estoy agradecida por tener una práctica espiritual. Puedo meditar en comunidad porque la exhortación a «matar al Buda si lo encontrara en el camino»[3] me consuela, me recuerda que poner en tela de juicio las apariencias es esencial para mi supervivencia.

Cuando mis compañeros de la *Sangha* organizaron un retiro para personas que habían sufrido traumas o abusos en su infancia y lo llamaron «Sanar al niño interior», mi radical crítico interior estaba que echaba humo. La diligencia del «ayudante interior» —mi personita interior, mi genio interior, mi chef francés interior— activaba mi mordaz «insurgente interior». En realidad, yo estaba muy asustada. Pero, en cualquier caso, me matriculé en el retiro y participé en los ejercicios. Incluso me las arreglé para empezar a escribir la carta a mi yo más

3. Estas palabras, atribuidas al patriarca zen Linji, significan que debemos matar nuestra «idea» de alguien o de algo para poder tener un encuentro directo con la realidad de esa persona o cosa.

joven. «Hola, chica. Sé que no te gusta tu nombre, así que ¿cómo debería llamarte?», empezaba. Escribí durante mucho tiempo, pero no había entrado muy a fondo cuando percibí un cambio de voz. Aquella chica me estaba escribiendo. Al principio, solo lloré. Luego escuché. Finalmente, salí a la calle e hice lo que ella me pidió.

Al borde del riachuelo, recogí piedras que fueran planas y lisas. Las sentía a gusto en mis manos; empecé a disponerlas en la tierra. Algún tiempo después, la campana que nos llamaba a cenar interrumpió mi concentración. Me limpié la arena de las manos y me quedé mirando lo que había hecho. Una pequeña mesa de piedra sostenía dos platos de piedra, con semillas de una planta de la orilla. Dos sillas de piedra estaban situadas a ambos lados de la mesa. Los asientos tenían una gran vista del agua.

A la mañana siguiente, temprano, volví al riachuelo. El pequeño escenario del comedor seguía allí, y en la arena húmeda pude ver las huellas de ciervos, pájaros y varios mamíferos pequeños que habían caminado cuidadosamente alrededor de la mesa. Las semillas habían desaparecido.

Aquel mismo día, por la tarde, volví de nuevo. El agua fría había modificado su curso y toda la orilla gris parecía renovada, tranquila y vacía. Esta vez supe que no podían robarme nada. Cuando caminaba de regreso hacia el zendo, advertí que hasta aproximadamente treinta centímetros del suelo podía ver con una definición vívida. Finalmente empecé a sentir pesar. Mis ojitos estaban de vuelta.

¿Qué puedo hacer para ayudar?
Joanne Friday

Mi madre llevaba muy enferma casi un año, y durante ese tiempo la habían hospitalizado ocho veces. Entre ingreso e ingreso la habían enviado a un servicio de enfermería de atención especializada. Estuve en uno de esos lugares con mi padre, visitándola. Mi padre es un veterano de la segunda guerra mundial que había logrado controlar muy bien su entorno y crear las condiciones necesarias para que no sucediera nada malo. Es una persona sumamente meticulosa, y tener las cosas en orden es algo muy importante para él. Siempre se le había dado muy bien cuidar las cosas, y cuidó estupendamente bien de mi madre. Pero ahora ella se estaba muriendo y no había ninguna manera de controlar eso. Así que le resultaba extremadamente difícil esa situación. Cuando las cosas están fuera de control, él trata de controlarlas y se impacienta, se irrita y se enfada. Esa es su energía del hábito.

Estábamos sentados en la clínica y se estaba irritando y enfadando con mi madre. Se impacientaba mucho con ella. Yo estaba allí sentada y no podía hacer otra cosa que sentir la rabia que surgía en mí. En el pasado, mi hábito me habría impulsado a decirle: «Corta ya, ella no puede evitarlo». Pero en vez de eso, me detuve y respiré, y supe que necesitaba salir de aquella habitación. Sabía que si decía o hacía algo, no haría más que

143

causarme más sufrimiento a mí y causárselo a mi familia. Así que dije: «Voy a dar un paseo». Salí y fui al aparcamiento de la clínica, e hice meditación caminando.

Conecté con mi respiración. Después de unos minutos me había calmado, y entonces invité a la rabia a que surgiera en mí. Respiré con ella y la observé en profundidad para comprenderla. El sentimiento me devolvió al pasado. Lo que comprendí fue que mi enérgica respuesta a mi padre tenía realmente que ver con una situación que se dio cuando yo tenía tres años y mi padre había manifestado el mismo enfado y la misma impaciencia conmigo. Y era esa criatura de tres años gravemente dañada la que tenía esa fuerte reacción en el presente.

Cuidé de esa criatura de tres años. La abracé y le dije lo que necesitaba escuchar. Le dije que la impaciencia y la ira de su padre no tenían nada que ver con ella. Le dije que puesto que solo tenía tres años, no había manera de que supiera no tomárselo como algo personal, pero que, en realidad, aquello solo tenía que ver con la infelicidad de su padre. Habría tratado a cualquier otro de la misma manera. No tenía nada que ver con ella. Después, cuando comprendí, solo sentí compasión por mí misma y por mi padre. Fue una experiencia directa de lo que nos enseña Thay: el mindfulness conduce a la concentración; la concentración lleva al discernimiento; el discernimiento lleva a la comprensión; la comprensión lleva a la compasión.

Personas diferentes tienen respuestas diferentes a esta práctica. La mayoría de las personas evitan los sentimientos que les asustan durante toda su vida. Al parar y respirar y abrazar el sentimiento en nosotros, hemos comenzado el proceso de transformación y estamos aumentando la capacidad de no tener miedo. En mi caso, la ira me llevó hasta la niña de tres años que estaba experimentando el mismo sentimiento que yo experimentaba en el presente. Cuando sentí lo que sucedía, supe que algo se había transformado; supe que estaba perfectamente y en condiciones de volver a la habitación con mi madre y mi padre.

Al marcharme de la habitación de mi madre, estaba viendo a mi padre como un ogro, pero cuando volví a entrar, le miré y todo lo que pude ver entonces fue su sufrimiento. Era tan intenso que era casi excesivo para soportarlo. Puede ver lo asustado que estaba. Y entonces, todo lo que sentí por él fue compasión. No había nada sino compasión, y lo único que podía decir era: «Siento que estés teniendo que pasar por esto. ¿Qué puedo hacer para ayudar?»

Lo que me quedaba claro era que mientras estaba estancada en mi propio sufrimiento, no podía ver el de nadie más. Me era imposible ver con claridad; lo único que podía ver era mi propio sufrimiento. Si no me hubiera ocupado de mis fuertes emociones, mi actitud habría sido completamente farisaica. Me habría dicho que estaba siendo una buena hija, que lo único que me preocupaba era mi madre. Habría creído que solo trataba de cuidar de ella, y que mi manera de hacerlo había sido decirle a mi padre que cortara. Si hubiera hecho eso, habría sido mi padre, vivo en mí, el que reaccionara criticando y juzgando. Puede que se hubiera sentido más juzgado y criticado y puede que hubiera tratado a mi madre aún peor. Yo habría creado exactamente la situación que estaba tratando de impedir.

He estado practicando el tiempo suficiente para saber qué palabras hay que decir y cómo decirlas. Podía haber dejado de criticarle cuando yo estaba allí, sin tener que salir afuera. Pero tal vez podría haber seguido estando llena de rabia, y si hubiera dicho esas mismas palabras sin haber salido, las habría pronunciado de tal manera que mi padre se habría sentido juzgado y criticado por mi tono de voz, la expresión de mi rostro o mi lenguaje corporal.

Así pues, he descubierto que el hablar consciente no solo consiste en elegir las palabras correctas que hay que decir, sino en transformar la mala voluntad en el corazón. Cuando observo en profundidad y llego a la comprensión en mí misma, solo siento compasión por mí y por la persona con la que estoy teniendo el problema. Cuando el sufrimiento de mi corazón se ha transformado, solo siento comprensión y amor por nosotros dos. Entonces, no importan mucho las palabras que se elijan. La persona solo siente amor. Todo el mundo sabe cuándo es amado y cuándo no.

He descubierto que cuanto más uso esta práctica, aunque todavía experimente todas las emociones fuertes, más se debilita en mí la intensidad de la emoción difícil. Puedo decir: «Hola, ira, pequeña amiga, has vuelto», y tras ello desaparece la intensidad. Cuando cuido bien de la niña herida que hay en mí, el sentimiento puede estar todavía ahí, pero mi relación con él se ha transformado y mis percepciones del mundo y de las relaciones con los otros también se han transformado. ¡Se produce el milagro del mindfulness!

El yo real

Glen Schneider

Una tarde estaba pensando en una importante relación de amistad que se había roto y en la herida que sentía; me preguntaba si llamar de nuevo a aquella persona para ver si había buena voluntad para resolver las cosas y reconciliarnos. Cuando estaba ensayando mentalmente lo que ella podría decir y cómo respondería yo, noté un nudo tremendo en el estómago, un nudo típicamente asociado al rechazo. Y pensé: «Bien, ahora que es por la tarde, tengo tiempo y no hay nadie más en casa, ¿por qué no investigar esta energía?».

Me senté en el sofá y centré mi mente en ese nudo en la zona del estómago, y pronto comencé a oír, en la parte trasera izquierda de la cabeza, el sonido claro, seco, como de una palmada, «plash... plash... plash...». Supe en seguida que era el sonido del cinturón de mi padre golpeándome el trasero desnudo cuando yo tenía unos seis años. Podía sentir realmente los golpes, y durante largo rato estuve llorando, gimiendo y suplicando. Estaba reviviendo esa paliza, con mi madre de pie allí, en la cocina, mirándole. Ella le había incitado a ello, y mi pequeño yo suplicaba: «Por favor, no me pegues. Seré bueno». Sentado en el sofá, me pregunté si estaba teniendo un episodio psicótico, pero también parecía muy curativo, así que dejé que aquella energía surgiera y saliera a la luz. Cuando comencé a calmarme, apareció en mi mente un túnel oscuro que me atraía hacia él. Estaba muy asustado, y pensé: «Oh, vaya, ahora voy a descubrir algún abuso que seguro que no recuerdo». A pesar de todo, decidí entrar, y en el momento en que lo hice...

Yo era un muchachito y estaba en nuestro gallinero, poniendo la mano bajo una gallina que estaba sentada en el nido, sintiendo su calor, sus plumas suaves, y los huevos lisos y calientes debajo de ella. De pequeño, mi familia vivía en el campo y teníamos unas cincuenta gallinas. Vendíamos huevos, y yo ayudaba a cuidar de ellas. Poner la mano allí, bajo la gallina, era una de las sensaciones más maravillosas, sanas y vitalistas que nunca había tenido. Echando una mirada alrededor, veía los bordes agudos y quebradizos de las conchas de ostras que echábamos a las gallinas, y todos los detalles de la puerta que cerrábamos cada noche para que no entraran los mapaches ni los zorros; y luego fuera, en el huerto, florecía la mostaza, brillante y amarilla. Durante unos diez minutos tuve esta ensoñación —como si estuviera en el cielo— de todas las maravillosas y deliciosas visiones y olores de mi infancia. Los colores eran muy brillantes, y las formas, nítidas; yo estaba sobrecogido. Finalmente, aquel episodio acabó, mi yo más joven volvía de regreso camino a nuestra casa y una voz entró en mi cabeza y dijo: «Ellos ponen eso en ti».

Con la ayuda de una hermana de la *Sangha* que trabaja con jóvenes encarcelados conflictivos empecé a comprender que «ellos ponen eso en ti» significaba que otros ponían el trauma en mí, las cosas malas que sucedían, pero que no era el yo real. El yo real era el muchacho al que le gustaban las visiones, las formas y los colores con los que crecí. La terrible energía que me habían inculcado había encerrado bajo siete llaves en mi memoria, como una puerta de hierro, alguna de las maravillosas partes de mi crecimiento.

Me siento afortunado por haber sacado esa energía traumática de mí mismo. Me gustaría poder decir que liberé todo ese dolor en una sola sentada, pero no fue así. Llevó unas cuantas visitas, pero cada vez la carga era mucho menor y, al final, me lo tomaba como si fuera a hacer las tareas del hogar: «Vaya, toca limpieza otra vez». Con tiempo y diligencia todo se ha allanado.

Pienso que la parte de nosotros que resulta herida es la parte que puede amar, que es nuestra bondad. Aunque puede esconderse bajo el sufrimiento y el dolor, sigue estando en nosotros la parte que puede abrazar y disfrutar de la belleza y la ternura maravillosas de este mundo, y ocuparse de ello y compartirlo, sinceramente. Esta ha sido mi experiencia.

Sentarse con un amigo

Elmar Vogt

Fui a Plum Village al retiro de junio de 2006 y estuve muy enfermo durante casi tres semanas enteras. Pasé mucho tiempo tumbado en la cama con un fuerte dolor de estómago. Tenía una diarrea terrible y no comía mucho, pero la gente que me rodeaba, los monjes, los amigos laicos y mis compañeros de habitación trataban de hacer todo lo posible por ayudarme.

Un compañero de habitación y yo conectamos de verdad. Había traído su concertina, que es como un mini acordeón con botones, y pronto descubrimos que compartíamos la afición por la música. Él estaba sentado en el campo, tocando y cantando canciones folk americanas. Me acerqué y empezamos a cantar juntos a la luz del atardecer. Desde ese día, cada vez que encontrábamos tiempo, cantábamos juntos. Empezamos a sentirnos unidos y a confiar el uno en el otro, y nos hicimos amigos.

Uno de los últimos días, por la mañana, yo estaba todavía en la cama cuando mi compañero de cuarto volvió del desayuno. Se sentó al borde de mi cama y me preguntó cómo me sentía; luego me preguntó si me gustaría explorar esa terrible sensación en mi estómago en la meditación. Dije que sí. Así que me empezó a cantar un par de canciones, y luego tocó la campana y propuso que me centrara en esa sensación en mi estómago, dejando ir todo pensamiento y manteniéndome abierto a cualquiera cosa que pudiera surgir.

Tras un minuto o dos, yo había vuelto a ser un niño pequeño, estaba escondido en nuestro sótano, detrás de donde guardábamos el carbón, y gritaba a mi abuela que saliera de la casa. Mi abuela vivió con mi familia durante toda mi vida, incluso antes de que yo naciera, desde que su marido, el abuelo al que nunca conocí, desapareciera en campaña durante la batalla de Stalingrado, en el Frente Oriental, en 1942-1943. De niño sentía una especie de tensión venenosa por su presencia en nuestra casa. En ese momento, en la meditación, mi niño pequeño pedía a mi padre que me sacara de allí. Después de un minuto o dos, sentí que una lágrima me brotaba de los ojos, y mi compañero de cuarto debió de notarlo, porque alargó la mano y comenzó a acariciarme el antebrazo y dijo: «Está bien, deja que salgan los sentimientos». Me derrumbé, y lloré y sollocé durante mucho tiempo, tal vez veinte minutos. Parecía muy curativo.

Cuando me calmé, me sentí mucho mejor del estómago. Luego hablamos largo y tendido sobre cómo me fui haciendo mayor, sobre mis padres y sobre nuestras hijas (porque los dos teníamos hijas de veintitantos años). Comimos juntos y le enseñé una canción popular alemana, *Bunt sind schon die Wälder*, sobre los colores de las hojas y los campos en otoño.

Todavía siento esa tensión en el estómago, pero es diferente a la de antes de la meditación. La siento como la desesperación del niño pequeño en el vientre de mi madre que vuelve a no sentirse seguro. Y puedo ver a mi padre en mí, que fue entregado a su tía cuando tan solo tenía dos años. Nunca supo la razón, y nunca tuvo un hogar verdadero. Mi madre perdió a su padre cuando era muy joven y ni siquiera podía llorarle, porque había desaparecido. Nadie sabía si regresaría. Y mi abuela tuvo que trabajar muy duro para apañárselas por sí misma y mantener a sus dos hijos. Quería mucho a su marido, pero él no volvió. Y su marido, como mi padre, tampoco creció con sus padres. Mi abuela me reveló una vez que su marido le había dicho: «Solo he sabido lo que es un hogar desde el momento en que nos casamos y vivimos juntos». Lástima que nunca regresara.

Por eso, al mirar atrás, veo que durante ese tiempo en Plum Village, el dique se rompió. Ahora todavía sigo sintiendo algo de dolor y tensión en el estómago, y comprendo que no solo soy yo. Son muchas generaciones de mi familia, y es también nuestra historia como pueblo alemán.

Tal vez sea demasiado lo que hay que transformar para una sola vida. Lo que ahora trato de hacer es conectar con mi pequeño niño interior, escucharle, hablar con él e invitarle a entrar en el momento presente para mostrarle las maravillas de la vida.

Tercera parte
Prácticas sanadoras

Práctica

Eliminar el objeto
(de la *Sangha* Buckeye)

Al maestro Linji, el gran maestro zen chino del siglo IX, fundador del linaje de Plum Village, le gustaba decir: «Elimina el objeto». El objeto es la persona o situación en la que pensamos, la historia. Por eso, la práctica consiste en eliminar el objeto y volver al cuerpo y los sentimientos. Quédate con la energía, suelta el pensamiento. Al seguir la energía de vuelta en el cuerpo y en los sentimientos, podemos descubrir los nudos internos, abrazarlos tiernamente, permitir que la tensión que hay allí se relaje y se libere, y podemos curarnos. Es algo parecido a aprender a montar en bicicleta. Te sientas en ella, alguien te empuja un poco, pero llega un momento en que sabes que puedes montar solo. «¡Lo conseguí, lo conseguí!».

La «meditación para eliminar el objeto» se hace de este modo:

1. *Al inspirar, encuentro la inspiración; al espirar, encuentro la espiración.*
2. *Al inspirar, traigo a la mente un tema complicado (objeto); al espirar, me abro a ese tema.*
3. *Al inspirar, suelto el pensamiento sobre el tema (objeto); al espirar, abrazo esa energía en mi cuerpo.*

4. *Al inspirar, soy consciente de mi cuerpo y mis sentimientos; al espirar, abrazo con ternura mi cuerpo y mis sentimientos.*

5. *Al inspirar, envío la inspiración a mi cuerpo y mis sentimientos; al espirar, libero la tensión en mi cuerpo y mis sentimientos.*

6. *Al inspirar, soy consciente de la inspiración; al espirar, soy consciente de la espiración.*

A veces, la energía que hay en el cuerpo y en los sentimientos puede parecer impenetrable o abrumadora. En ese caso podemos entrar en contacto con el sentimiento o la situación difícil durante un tiempo breve, tal vez veinte segundos o un minuto. Luego podemos abrir los ojos y relajar la atención en algo exterior durante unos minutos; tal vez podemos mirar la naturaleza por la ventana. Después, cuando estemos listos, volvemos a entrar en contacto con los sentimientos de nuevo. Podemos tratar de ir y venir unas cuantas veces. Alternar la atención así nos proporciona una base exterior segura, y nos da espacio interior.

Práctica
Los dieciséis ejercicios de respiración

L a enseñanza de la respiración consciente procede directamente de Buda. Los dieciséis ejercicios de respiración consciente son prácticas para cuidar el cuerpo, los sentimientos, la mente (las formaciones mentales) y los objetos de la mente (nuestras percepciones).

Estas enseñanzas son útiles para la práctica diaria y muy provechosas para hacer frente a los sentimientos dolorosos. En cualquier momento en que suframos y sintamos que no podemos soportarlo y no sepamos qué hacer, podemos recurrir a estos dieciséis ejercicios.[4]

La primera serie de cuatro ejercicios: el cuerpo

El PRIMER EJERCICIO consiste en reconocer la inspiración como inspiración y la espiración como espiración.

Al inspirar, sé que estoy inspirando.
Al espirar, sé que estoy espirando.

---

4. Estos ejercicios proceden del *Sutra de la plena consciencia de la respiración*. Para más información, véase Thich Nhat Hanh, *Breathe, You Are Alive!*, Parallax Press, Berkeley, CA, 2008.

Es muy simple, pero puede tener un efecto muy profundo. Cuando prestas atención a tu inspiración y la reconoces, dejas ir de forma natural el pasado y el futuro, y vuelves al momento presente. Empiezas a generar la energía del mindfulness y la concentración, y a lograr un cierto grado de libertad.

El SEGUNDO EJERCICIO consiste en seguir todo el proceso de inspiración y espiración.

Al inspirar, sigo la inspiración desde el principio hasta el final.
Al espirar, sigo la espiración desde el principio hasta el final.

Mantenemos la atención plena y la concentración durante todo el tiempo que dura la inspiración y la espiración. No decimos: «Al inspirar... ay, olvidé cerrar la puerta...». No hay ninguna interrupción, y aumenta tu concentración. A esto se le llama «seguir la inspiración y la espiración».

Algunas versiones de los ejercicios mencionan que se reconozca la longitud de la respiración: «Al inspirar, sé que mi inspiración es larga o corta». No hacemos ningún esfuerzo para alargarla o acortarla. Dejamos que la respiración sea natural. Al ser conscientes de la respiración, esta se hace más profunda, más armoniosa, más tranquila, todo por sí misma. La calidad de la respiración aumenta gracias a la atención.

El TERCER EJERCICIO vuelve a llevar la mente al cuerpo.

Al inspirar, soy consciente de todo mi cuerpo.
Al espirar, soy consciente de todo mi cuerpo.

En la vida diaria, a menudo nuestro cuerpo está ahí, pero la mente está en otra parte. La mente puede quedar atrapada en el pasado, en el futuro, en nuestros proyectos, en nuestros enfados, en nuestras preocupaciones. Tú estás ahí, pero no estás ahí. No estás disponible para ti mismo o para los demás. Por eso, la práctica tiene por objeto volver a conectar con la respiración.

La respiración es un puente que une el cuerpo y la mente. En el momento en que empezamos a prestar atención a la respiración, el cuerpo y la mente se unen de manera natural. Llamamos a esto «unidad de cuerpo y mente». La respiración se calma, y el cuerpo y los sentimientos salen beneficiados. Esta es la práctica de la paz. Estamos afianzados en el aquí y el ahora, plenamente presentes, vivos, y podemos conectar con las maravillas de la vida. Así, este simple ejercicio puede obrar un milagro: la capacidad de vivir cada momento en profundidad.

Volvemos al cuerpo para hacernos conscientes de su existencia y cuidarlo. Es posible que hayamos descuidado o maltratado a nuestro cuerpo. Abrazamos el cuerpo con el mindfulness y tomamos conciencia de todo lo que en él necesita nuestra atención. Tal vez descubramos que hemos vivido de tal manera que la tensión, el dolor y el estrés se han acumulado en nuestro cuerpo durante mucho tiempo.

El CUARTO EJERCICIO sirve para liberar la tensión del cuerpo.

Al inspirar, calmo mi cuerpo.
Al espirar, calmo mi cuerpo.

Podemos dejar que la tensión se libere cuando estamos sentados, cuando andamos o cuando estamos tumbados. «Al inspirar, soy consciente de todo mi cuerpo. Al espirar, calmo todo mi cuerpo.» Puede que hayamos aprendido técnicas de relajación profunda, y quizá hayamos logrado relajarnos en cierta medida. Pero la práctica básica para liberar realmente la tensión consiste en soltar el pasado y el futuro, volver al momento presente y disfrutar del hecho de que estamos vivos y de que ya reunimos suficientes condiciones para ser felices. Te pido que reflexiones sobre esto.

Tenemos que dominar estos cuatro primeros ejercicios; es lo mínimo que tenemos que hacer. Ser conscientes de la respiración es volver a nuestro yo y generar la energía de nuestra presencia verdadera; con esa energía abrazamos el cuerpo y le dotamos de relajación y calma. La relajación profunda del cuerpo puede producir la relajación de la mente. Si no podemos conseguirlo con el cuerpo, será difícil conseguirlo más adelante con la mente.

La segunda serie de cuatro ejercicios: los sentimientos

Con estos cuatro ejercicios llegamos al reino de los sentimientos. Una vez hemos conseguido llevar calma y relajación al cuerpo, podemos volver a los sentimientos y ser de ayuda.

El QUINTO EJERCICIO consiste en generar la energía de la alegría.

> *Al inspirar, siento alegría.*
> *Al espirar, siento alegría.*

Como practicante, tienes la capacidad de introducir en ti un sentimiento de alegría en el aquí y el ahora. Cuanto más consciente y concentrado llegues a estar, más aumentará la alegría y la felicidad.

La primera práctica que produce alegría consiste en soltar. Para que pueda existir alegría, hay cosas que deberíamos ser capaces de abandonar. Solemos pensar que la alegría está en el exterior y que necesitamos ir a por ella para conseguir hacerla nuestra. Pero si sabemos cómo identificar los obstáculos en nosotros y dejarlos ir, entonces la alegría llegará de forma natural a nosotros.

El SEXTO EJERCICIO consiste en producir un sentimiento de felicidad.

Al inspirar, me siento feliz.
Al espirar, me siento feliz.

La práctica de estos ejercicios puede, en sí misma, aportarnos felicidad. El mindfulness y la liberación de la tensión son fuentes de felicidad. El mindfulness nos ayuda a reconocer los numerosos estados de felicidad que ya tenemos. Por eso es fácil introducir un sentimiento de alegría, de felicidad. Podemos hacerlo en cualquier momento, en cualquier lugar.

En la tradición zen se considera que la meditación es un alimento. En la literatura zen existe la expresión: «La alegría y la felicidad como alimento diario». Puedes sanar y alimentarte con la meditación.

El SÉPTIMO EJERCICIO consiste en hacer frente a las emociones y sentimientos dolorosos que se han manifestado en nosotros.

Al inspirar, soy consciente de mis formaciones mentales.
Al espirar, soy consciente de mis formaciones mentales.

Este ejercicio nos ayuda a aprender a manejar las energías del dolor, la pena, el miedo y la ira en nosotros. Practicamos la respiración consciente, el caminar consciente, para generar la energía del mindfulness y la concentración. Es justo esa energía del mindfulness y la concentración la que nos permite reconocer y abrazar el sentimiento doloroso que está en nosotros. No deberíamos ocultar el dolor, sino cuidarlo. Ignorar o reprimir el dolor sería tratarnos con violencia. La atención plena somos nosotros, pero el sentimiento doloroso también somos nosotros. No hay lucha. Esta es la visión de la no dualidad.

Cuando evitamos entrar en nosotros mismos y conectar con nuestro interior, dejamos que crezca nuestro dolor. El método propuesto por Buda es conectar con nosotros y cuidarnos. Necesitamos una cierta atención plena y una cierta concentración. Deberíamos ser capaces de generar atención plena y concentración, así seremos lo bastante fuertes para no dejarnos abrumar por el dolor y la pena, y con esa energía del mindfulness y la concentración podremos entrar en nosotros mismos con confianza y reconocer los sentimientos dolorosos. «Al inspirar, reconozco el sentimiento doloroso en mí. Al espirar, abrazo el sentimiento doloroso en mí.» Esta es una auténtica práctica. El practicante debe ser capaz de reconocer su dolor y abrazarlo con ternura, como un bebé. A veces puede ser un poco difícil, especialmente cuando comenzamos. La energía colectiva de la *Sangha* puede ayudar.

El OCTAVO EJERCICIO consiste en liberar la tensión y calmar el sentimiento.

> *Al inspirar, calmo mis formaciones mentales.*
> *Al espirar, calmo mis formaciones mentales.*

En los ejercicios séptimo y octavo usamos el mindfulness para abrazar el dolor y obtener alivio. Es lo mismo que en la práctica relativa al cuerpo. Volvemos al sentimiento, reconocemos el sentimiento y lo abrazamos con ternura. «Al inspirar, soy consciente del sentimiento doloroso en mí. Al espirar, calmo mi sentimiento doloroso.»

Si practicamos la respiración y el caminar conscientes de forma continuada, podemos arrullar y abrazar el sentimiento doloroso. Más adelante, con la práctica de la observación profunda, podemos descubrir la naturaleza de nuestras aflicciones y conseguir el discernimiento que nos liberará de ellas. Pero, de momento, con solo abrazar el sentimiento de manera consciente, con ternura, obtenemos ya algún alivio.

La tercera serie de cuatro ejercicios: la mente

Con el noveno ejercicio llegamos a las otras formaciones mentales. Los sentimientos son solamente un tipo de formación mental. *Samskara* («formación») es un término que significa que se han reunido muchas condiciones para que algo se manifieste. Existen las formaciones mentales buenas y las no tan buenas.

El NOVENO EJERCICIO consiste en ser conscientes de la mente y reconocer su estado, al igual que en el tercero éramos conscientes del cuerpo y en el séptimo, de los sentimientos.

> *Al inspirar, soy consciente de mi mente.*
> *Al espirar, soy consciente de mi mente.*

Nos hacemos conscientes de cualquier formación mental que se haya manifestado. «Inspiro, consciente de las formaciones mentales.» La mente es un río en el que cada formación mental es una gota de agua. Nos sentamos en la orilla y observamos la manifestación y el desvanecimiento de cada formación mental. No necesitamos luchar contra las formaciones mentales, aferrarnos a ellas ni apartarlas. Las reconocemos tranquilamente y les sonreímos, sean agradables o desagradables. Cuando la ira está presente, decimos: «Al inspirar, sé que la formación mental de la ira está en mí». Cuando está presente la formación mental de la duda, inspiramos y reconocemos la presencia de la duda en nosotros. El practicante es un observador. Necesita atención plena y concentración para reconocer las formaciones mentales. Luego, más tarde, puede examinar en profundidad la naturaleza de la formación mental.

El DÉCIMO EJERCICIO consiste en alegrar la mente.

Al inspirar, hago feliz a mi mente.
Al espirar, hago feliz a mi mente.

Hacemos que la mente se alegre para fortalecerla, animarla y darle vitalidad. Cuando ayudamos a la mente a ser más alegre y enérgica, eso nos proporciona la fuerza necesaria para, más tarde, abrazar y examinar en profundidad nuestras dificultades.

Si sabemos cómo funciona nuestra mente, nos será más fácil practicar el décimo ejercicio. Las cuatro prácticas de diligencia verdadera y esfuerzo correcto nos ayudan a ser conscientes de la mente mientras damos a las semillas negativas la oportunidad de descansar.

La primera práctica del esfuerzo correcto es permitir que las semillas negativas duerman en nuestra conciencia-receptáculo y no darles la oportunidad de manifestarse. Si se manifiestan demasiado a menudo, su base se fortalecerá. La segunda práctica consiste en que cuando se manifieste una semilla negativa, la ayudaremos a retirarse tan rápido como sea posible. Si permanece demasiado tiempo, sufriremos, y su base se verá también fortalecida. La tercera práctica de diligencia correcta consiste en remplazar una formación mental negativa por una positiva; cambiaremos el foco de atención. Llamamos a esto «cambiar la espiga». Cuando la espiga que une dos piezas de madera se ha podrido, el carpintero mete una espiga nueva en el agujero, haciendo salir al mismo tiempo la vieja. La cuarta práctica es que cuando se ha manifestado una formación mental buena, tratamos de mantenerla allí todo el tiempo que podamos. Es como cuando un buen amigo viene a visitarnos y toda la casa rezuma alegría; entonces tratamos de que se quede con nosotros unos días más.

También podemos ayudar a otra persona a cambiar la formación mental. Si un pensamiento siniestro, de ira o miedo, se manifiesta en ella, podemos practicar regando en ella una semilla positiva para que se manifieste y remplace a la otra formación mental. Llamamos a esta práctica «riego selectivo». Podemos organizar la vida de tal manera que las semillas buenas puedan ser cuidadas y regadas varias veces al día.

El UNDÉCIMO EJERCICIO es llevar la concentración a la mente para lograr discernimiento.

> *Al inspirar, concentro la mente.*
> *Al espirar, concentro la mente.*

La concentración tiene el poder de consumir las aflicciones. Es como una lente que focaliza la luz del sol para quemar un trozo de papel. Cuando la concentración es capaz de quemar las aflicciones, entonces hay discernimiento. Buda nos dio muchas enseñanzas que nos pueden ayudar a cultivar la concentración. La impermanencia, el no yo y el vacío son modalidades de concentración que podemos practicar en la vida diaria. Por ejemplo, podemos practicar para ver la naturaleza de la impermanencia, el «interser», etcétera, de cualquier cosa con la que estemos en contacto durante el día, sea un amigo, una flor o una nube.

El DUODÉCIMO EJERCICIO consiste en liberar la mente.

> *Al inspirar, libero la mente.*
> *Al espirar, libero la mente.*

Necesitamos la fuerza de la concentración para cortar por lo sano las aflicciones (pena, miedo, ira, discriminación) que inmovilizan y atan nuestra mente.

La enseñanza sobre la impermanencia es todavía una idea, pero puede usarse como instrumento que ayude a producir el discernimiento de la impermanencia. La cerilla puede producir la llama. Y cuando tenemos la llama, la llama consumirá la cerilla. Lo que necesitamos para liberarnos es el discernimiento de la impermanencia. Cuando el discernimiento está presente, quema la idea.

Practicamos la concentración en la impermanencia para llegar a su discernimiento. Mientras estamos sentados, andamos, respiramos o hacemos cosas, estamos concentrados en la naturaleza de la impermanencia. La concentración, *samadhi*, implica mantener viva esa consciencia, un momento tras otro, todo el tiempo que sea posible. Solo la concentración puede producir discernimiento y liberarnos.

Supongamos que estamos a punto de pelearnos con alguien. Hay sufrimiento en nosotros; nuestra mente no es libre. La concentración en la impermanencia puede liberarnos de la ira. «Al inspirar, visualizo a mi ser querido dentro de trescientos años.» Puede ser necesaria una sola inspiración para conectar con la realidad de la impermanencia. «Al inspirar, sé que yo todavía estoy vivo y que él todavía está vivo.» Y al abrir los ojos, lo único que queremos hacer es estrecharle entre nuestros brazos. «Al inspirar, tú estás todavía vivo; soy muy feliz.» En eso consiste la liberación con discernimiento, el discernimiento de la impermanencia.

Si estamos habitados por el discernimiento de la impermanencia, trataremos con el ser querido de un modo muy sabio. Todo lo que podamos hacer para hacerle feliz hoy, lo haremos. No esperaremos a mañana, porque mañana puede ser demasiado tarde. Algunas personas lloran mucho cuando muere la otra persona. Eso es porque saben que mientras la otra persona estaba viva, no la trataron bien. Es el complejo de culpa el que hace que esa persona sufra de esa manera, porque carecía del discernimiento de la impermanencia. La impermanencia es un ejercicio de concentración que podemos practicar.

La última serie de cuatro ejercicios: las percepciones

Ahora llegamos al reino de los objetos de la mente. En el budismo, el mundo y todos los fenómenos se conciben como objetos mentales, no como una realidad objetiva. Con frecuencia estamos atrapados por la noción de que existe una conciencia dentro de nosotros y un mundo objetivo ahí fuera que nosotros tratamos de comprender, y esto afecta a nuestras percepciones. Pero a la luz del «interser», sujeto y objeto no pueden existir por separado. Cuando percibimos algo, el objeto de la percepción se manifiesta siempre al mismo tiempo que el sujeto de la percepción. Ser consciente significa siempre ser consciente de algo.

El DECIMOTERCER EJERCICIO consiste en contemplar la impermanencia.

Al inspirar, observo la naturaleza impermanente de todos los dharmas.

Al espirar, observo la naturaleza impermanente de todos los dharmas.

Estamos dispuestos a aceptar y reconocer que las cosas son impermanentes, pero seguimos viviendo y comportándonos como si nosotros fuéramos a estar siempre ahí y como si fuéramos a ser siempre la misma persona que somos ahora. En realidad, todo cambia a cada momento. Cuando estamos con alguien, podemos estar en contacto con la persona que fue hace veinte años, y no somos capaces conectar con la persona del momento presente, que tiene una manera diferente de pensar y sentir. No estamos realmente en contacto con la verdad de la impermanencia. Por eso usamos la conciencia mental para meditar sobre la impermanencia. La concentración en la impermanencia produce el discernimiento que puede liberarnos.

La impermanencia es solo una forma de concentración. Al adentrarnos profundamente en ella, descubrimos el no yo, el vacío y el «interser». Por eso la impermanencia representa todas las concentraciones. Mientras inspiramos, mantenemos viva la concentración en la impermanencia, y cuando espiramos, mantenemos viva la concentración en ella, hasta que abrimos una brecha hacia el corazón de la realidad. El objeto de la observación puede ser una flor, un guijarro, la persona que queremos, la persona que odiamos, podemos ser nosotros, puede ser nuestro dolor, nuestra pena. Cualquier cosa puede servir como objeto de la meditación: lo que tenemos que hacer es conectar con la naturaleza de la impermanencia en ella.

El DECIMOCUARTO EJERCICIO consiste en contemplar el no deseo, el no anhelo.

> *Al inspirar, observo la desaparición del deseo.*
> *Al espirar, observo la desaparición del deseo.*

Este ejercicio tiene por objeto ayudar al *manas*, que está siempre buscando placer e ignorando los peligros de la búsqueda de ese placer. La contemplación de la impermanencia puede ayudar a que el *manas* se transforme. Observamos en profundidad el objeto de nuestro deseo para ver su naturaleza verdadera. El objeto de nuestro deseo nos puede destruir el cuerpo y la mente. Ser conscientes de lo que deseamos y de lo que consumimos es una práctica crucial.

Buda nos ofreció una enseñanza sobre los cuatro nutrientes, las cuatro fuentes de alimentación que consumimos cada día. La primera fuente es la volición, nuestro deseo más profundo. Nos aporta la vitalidad que necesitamos para vivir. Tenemos que examinar la naturaleza de nuestro deseo para ver si es saludable o no. El deseo puede ser buscar el placer, lo que puede resultar muy peligroso. Puede ser el deseo de venganza, el deseo de castigar. Esta clase de deseo insano se asienta sobre muchas percepciones erróneas. Necesitamos observar en profundidad para reconocer que ese deseo procede del miedo, la duda, la ira, etcétera.

También a Siddhartha le inspiró un tipo de deseo, una aspiración. Vio el sufrimiento en su reino y se dio cuenta de que el poder político no era suficiente para ayudar a sus semejantes. Por eso buscó otro camino, el de transformarse a sí mismo, ayudar a otras personas a transformarse y abrir un camino nuevo. Llamamos a ese deseo la «mente de la iluminación», el espíritu del principiante. Deberíamos tener una intensa aspiración a mantener vivo ese espíritu en nosotros. Esto es lo que nos da la fuerza y la energía para continuar la práctica.

La segunda fuente de nutrición es la conciencia. Se trata de nuestra conciencia colectiva, la energía colectiva. Los individuos de un grupo tienden a generar el mismo tipo de energía. Cuando nos reunimos para practicar el mindfulness, la concentración, la compasión, generamos colectivamente estas energías saludables, lo cual es muy nutriente y curativo. Crear una *Sangha* es muy curativo para el mundo.

Si estamos con un grupo de gente enfadada, su energía negativa entra en nosotros. Al principio, tal vez no seamos como ellos. Pero si permanecemos el tiempo suficiente, lentamente la energía colectiva penetrará en nosotros y, en algún grado, seremos como ellos sin ni siquiera darnos cuenta. Es muy importante ver si estamos o no en un buen entorno. Para nosotros y para nuestros hijos, necesitamos un entorno seguro en el que la energía colectiva sea sana.

El tercer tipo de alimento es la impresión sensorial, lo que consumimos en lo que se refiere a música, revistas, películas, conversaciones y anuncios. Cuando leemos un artículo o vemos una película o un programa de televisión que contiene violencia y cólera, eso cala en nosotros. Tenemos que decidir lo que consumimos y lo que no.

Los psicoterapeutas tienen que ser muy cuidadosos. Un psicoterapeuta escucha hablar de muchos tipos de sufrimiento e ira. Se necesita una práctica intensa para permanecer sano y firme, ya que, de lo contrario, enfermará. Tratas de ayudar, pero puedes verte invadido por la energía negativa de los clientes con los que te encuentras cada día. Todo psicoterapeuta tiene que crear una *Sangha*. Con la *Sangha* estás protegido y consigues nutrirte cuando os reunís cada semana. De lo contrario, te quemarás y no podrás seguir ayudando.

Buda pasó mucho tiempo creando una *Sangha*, y nosotros deberíamos hacer lo mismo. Podemos buscar a nuestro alrededor los elementos de nuestra *Sangha* y crearla para gozar de protección y nutrición, y para mantener viva nuestra práctica. De lo contrario, perderemos la práctica después de algunos meses y penetrarán en nosotros las impresiones sensoriales, lo que consumimos a través de los ojos, la nariz, los oídos, el cuerpo y la mente. El consumo consciente es la práctica que nos protege a nosotros, a nuestra familia y a nuestra sociedad. Es la senda para sanar e impedir la destrucción del planeta.

La cuarta fuente de nutrición son los alimentos comestibles. Solo deberíamos comer aquellos que pueden traer paz y bienestar al cuerpo y a la mente. Comamos de manera que nos ayude a retener la compasión en el corazón. Si lo logramos, podremos salvar el planeta y asegurar un futuro para nuestros hijos.

El DECIMOQUINTO EJERCICIO es contemplar la cesación.

> *Al inspirar, observo la cesación.*
> *Al espirar, observo la cesación.*

Cesación significa *nirvana*, la extinción de todas las ideas, la verdadera realidad en sí misma. La naturaleza de la realidad transciende todas las ideas, incluidas las de nacimiento y muerte, ser y no ser. En el núcleo de esta meditación está el esfuerzo final por ser liberado. La contemplación de la impermanencia, el no yo, el vacío, el no nacimiento y la no muerte puede conducir a este tipo de liberación. La noción de nacimiento y muerte puede ser una fuente de angustia, ansiedad y miedo. Solo con el discernimiento del no nacimiento y la no muerte podemos trascender la ansiedad y el miedo.

El DECIMOSEXTO EJERCICIO es contemplar el nirvana, la extinción.

> *Al inspirar, observo el soltar.*
> *Al espirar, observo el soltar.*

Este ejercicio supone desprenderse de todas las nociones para ser libre. Esta concentración puede ayudarnos a conectar con la auténtica naturaleza de la realidad y la sabiduría profunda que nos liberará del miedo, la ira y la desesperación. La palabra *nirvana* significa «extinción». El nirvana no es un lugar al que ir o algo que exista en el futuro, sino que es la naturaleza de la realidad tal como es. El nirvana está disponible en el aquí y el ahora.

Una ola que se eleva sobre la superficie del océano está hecha de agua. Pero a veces olvida que está hecha de agua. La ola tiene un principio, un final, una subida y una bajada. Una ola puede llegar más alto o más bajo, ser más poderosa o menos poderosa que otras. Si la ola se queda atrapada por nociones como empezar, terminar, subir, bajar, o ser más o menos poderosa, sufrirá. Pero si comprende que es agua, la situación cambia de inmediato. En tanto que agua, no le importan ya los conceptos de empezar, terminar, subir o bajar. Puede disfrutar subiendo, bajando, siendo esta ola o siendo otra ola; no hay ninguna discriminación, ningún miedo. No tiene que ir a buscar agua. Ella *es* agua en el momento presente.

Nuestra naturaleza verdadera es no principio, no final, no nacimiento, no muerte. Si sabemos cómo llegar a nuestra naturaleza verdadera, no habrá miedo, ni ira, ni desesperación. Nuestra naturaleza verdadera es la naturaleza del nirvana. Hemos sido nirvanizados desde el no principio.

En nuestra mente, morir significa que siendo algo, súbitamente nos convertiremos en nada; siendo alguien, súbitamente nos convertiremos en nadie. Sabemos que una nube no puede morir. La nube puede convertirse en lluvia, en nieve, en granizo, en río, en té o en zumo, pero es imposible que la nube muera. La naturaleza verdadera de la nube es la naturaleza del no nacimiento y la no muerte. Por eso, si alguien cercano a ti acaba de morir, asegúrate de buscarle en su nueva manifestación. Es imposible que muera. Continúa de muchas maneras. Con los ojos de Buda, puedes reconocerle a tu alrededor y en tu interior. «Querido, sé que estás todavía aquí en tu nueva forma.»

Antes de nacer, ya existíamos en el vientre de nuestra madre, y antes de eso, existíamos mitad en nuestro padre y mitad en nuestra madre. Algo no puede proceder de nada. No hemos llegado al ser desde el no ser. Siempre hemos estado ahí de una forma u otra. Nuestra naturaleza es la naturaleza del no nacimiento y de la no muerte.

Nirvana significa la extinción de todas las ideas, incluidas las de nacimiento y muerte, ser y no ser. El decimosexto ejercicio consiste en soltar, desprenderse de todas esas ideas y ser completamente libre.

Práctica

Carta de tu niño interior
(Glen Schneider)

Este ejercicio combina las dos prácticas de escribir una carta y escuchar lo que el niño tiene que decir. Al hacer este ejercicio, es útil preguntar al niño: «¿Cómo te sentiste?», en vez de revisar los detalles de todo lo que sucedió cuando eras niño. Y también preguntarle: «¿Qué quieres ahora del adulto que hemos llegado a ser?».

Luego escribe la carta que piensas que escribiría el niño interior que habita en ti. ¡Podría ser una lista interminable que te tenga realmente ocupado! Algunas de las cosas que mi niño quería era un animal de peluche para dormir con él, un helado de naranja, una cena en una hamburguesería (¡y yo soy vegetariano!) y volver a estar en contacto con mi primo favorito, al que no habíamos visto en los últimos treinta años.

Pon la pluma o el lápiz en el papel y escribe cualquier cosa que salga. No te preocupes de corregirlo, simplemente escribe. Se trata de establecer la comunicación.

He llevado a cabo casi todo lo que estaba en la lista de mi niño, y desde que estoy haciendo esto, me he sentido mucho más estable y feliz, de una manera realmente profunda.

Práctica

Los cinco contactos con la tierra

L a práctica de «tocar la tierra», conocida también como inclinarse profundamente o postrarse, nos ayuda a regresar a la tierra y a nuestras raíces, y a reconocer que no estamos solos, sino conectados con una gran cantidad de antepasados con los que nos une el espíritu, la sangre y la nación. Contactamos con la tierra para abandonar la idea de que estamos separados, y recordar que somos la tierra y parte de la vida.

Cuando conectamos con la tierra, inspiramos con toda la fuerza y la estabilidad de la tierra y de nuestros antepasados, con los que nos une el espíritu, la sangre y la nación, y espiramos nuestro sufrimiento, nuestros sentimientos de ira, odio, miedo, incapacidad y pesar.

1. *Con gratitud, me inclino ante todas las generaciones de antepasados de mi familia de sangre.*
Veo a mi madre y a mi padre, cuya sangre, carne y vitalidad circulan por mis venas y nutren cada una de mis células. A través de ellos, veo a mis cuatro abuelos. Llevo en mí la vida, la sangre, la experiencia, la sabiduría, la felicidad y la pena de todas las generaciones. Abro mi corazón, mi carne y mis huesos para recibir la energía del discernimiento, el amor y la experiencia que mis antepasados me han transmitido. Sé que los padres

siempre quieren y apoyan a sus hijos y nietos, aunque no siempre sean capaces de expresarlo con habilidad debido a las dificultades con que se han encontrado. En tanto que prolongación de mis antepasados, permito que su energía fluya a través de mí, y pido su apoyo, protección y fuerza.

2. *Con gratitud, me inclino ante todas las generaciones de antepasados de mi familia espiritual.*
Veo en mí a mis maestros, a quienes me mostraron el camino del amor y la comprensión, la manera de respirar, sonreír, perdonar y vivir a fondo en el momento presente. Abro mi corazón y mi cuerpo para recibir la energía de la comprensión, la bondad y la protección de los Despiertos, sus enseñanzas, y la comunidad de práctica a lo largo de muchas generaciones. Prometo practicar para transformar el sufrimiento en mí y en el mundo, y para transmitir su energía a las futuras generaciones de practicantes.

3. *Con gratitud, me inclino ante esta tierra y ante todos los antepasados que la hicieron habitable.*
Veo que soy un todo, que estoy protegido y alimentado por esta tierra y por todos los seres vivos que han estado aquí y han hecho la vida digna de ser vivida y habitable para mí gracias a todos sus esfuerzos. Me veo conectando con mis antepasados, americanos nativos,[5] que vivieron en esta tierra durante tanto

5. Sustituir los nombres de los antepasados por los propios del país en el que se esté practicando.

tiempo y practicaron la manera de vivir en paz y armonía con la naturaleza, protegiendo las montañas, los bosques, los animales, la vegetación y los minerales de esta tierra. Siento cómo la energía de esta tierra entra en mi cuerpo y mi alma, sustentándome y aceptándome. Prometo poner de mi parte para transformar la violencia, el odio y la mentira que siguen presentes en lo más profundo de la conciencia de esta sociedad, a fin de que las generaciones futuras tengan más seguridad, alegría y paz. Pido a esta tierra su protección y su apoyo.

4. *Con gratitud y compasión, me inclino ante aquellos a los que amo y les transmito mi energía.*
Quiero transmitir ahora toda la energía que he recibido a mi padre, a mi madre, a todos los que amo y a todos los que han sufrido y se han preocupado por mi causa y por mí. Quiero salud y alegría para todos ellos. Ruego para que todos mis antepasados de sangre y de espíritu, así como las familias de esta tierra centren su energía en cada uno de ellos, para protegerlos y sostenerlos. Soy uno con aquellos que amo.

5. *Con comprensión y compasión, me inclino ante todos aquellos que me han hecho sufrir para reconciliarme con ellos.*
Abro mi corazón y envío mi energía de amor y comprensión a todo aquel que me haya hecho sufrir, a aquellos que hayan destruido una parte de mi vida y las vidas de aquellos que amo. Ahora sé que esas personas han padecido mucho sufrimiento y que sus corazones están sobrecargados de dolor, ira y odio.

Ruego que puedan transformarse para experimentar la alegría de vivir, de manera que no sigan sufriendo y haciendo sufrir a los demás. Veo su sufrimiento y no quiero guardar ningún sentimiento de odio o de ira hacia ellos. No quiero que sufran. Canalizo mi energía de amor y comprensión hacia ellos y pido a todos mis antepasados que los ayuden.

Práctica
Nota de paz

C uando alguien nos ha disgustado o nos ha hecho enfadar, tenemos que hacérselo saber en veinticuatro horas. Si estamos muy disgustados y sentimos que somos incapaces de decírselo con palabras amables, podemos entregarle una nota de paz antes de que acabe ese plazo límite.

Nota de paz

Fecha:
Hora:
Querido/a ....,

Esta mañana [tarde], dijiste [hiciste] algo que me enfadó mucho. He sufrido mucho. Quiero que lo sepas. Dijiste [Hiciste]:
Por favor, veamos lo que dijiste [hiciste] y analicemos juntos el asunto de manera tranquila y abierta este viernes por la tarde.
Con mis mejores deseos, aunque no me sienta muy feliz ahora,

_____

Práctica
El Nuevo Comienzo

Podemos practicar el Nuevo Comienzo en nuestra familia, en nuestra comunidad de práctica o con un alguien con quien tengamos problemas. Incluso podemos practicarlo con nosotros mismos. En Plum Village practicamos el Nuevo Comienzo todas las semanas. Nos sentamos en círculo con un jarrón de flores frescas en el centro y estamos atentos a nuestra respiración mientras esperamos que el facilitador empiece. La ceremonia tiene tres partes: regar la flor, expresar arrepentimiento y expresar heridas y dificultades. Esta práctica puede impedir que los sentimientos de dolor se acumulen durante semanas y ayuda a todos los miembros de la comunidad a estabilizar la situación.

Empezamos regando la flor. Cuando alguien está preparado para hablar, une las palmas de las manos y los demás hacen lo mismo, para mostrarle que tiene derecho a hablar. Entonces esa persona se pone de pie, camina lentamente hacia las flores, coge el jarrón en sus manos y vuelve a su asiento. Cuando habla, sus palabras reflejan la frescura y belleza de las flores que están frente a ella. Durante esta fase de riego de la flor, la persona que habla reconoce la integridad y las maravillosas cualidades de los demás. No es adulación; decimos siempre la verdad. Todo el mundo tiene puntos fuertes que pueden verse si se presta atención. Nadie puede interrumpir a la persona que está hablando. Se le permite que utilice todo el tiempo que precise, y todos los demás practican la escucha profunda. Cuando ha terminado de hablar, se levanta y vuelve a poner el jarrón en el centro de la sala.

No deberíamos subestimar este primer paso consistente en regar la flor. Cuando somos capaces de reconocer sinceramente las hermosas cualidades de los demás, es muy difícil seguir aferrados a nuestros sentimientos de ira y resentimiento. De manera natural nos ablandamos, y nuestra perspectiva se abre y abarca toda la realidad. Cuando ya no estamos atrapados en las percepciones negativas, la irritación y el juicio, podemos encontrar fácilmente la manera de reconciliarnos con los demás miembros de nuestra comunidad o de nuestra familia. La esencia de esta práctica es restablecer el amor y la comprensión entre los miembros de la comunidad.

En la segunda parte de la ceremonia expresamos el pesar por todo lo que hayamos hecho para herir a los otros. A veces basta con una frase irreflexiva para herir a alguien. La ceremonia del Nuevo Comienzo es una oportunidad para acordarse de algo que hicimos mal durante la semana y deshacerlo.

En la tercera parte de la ceremonia expresamos cómo nos han herido los demás. Es crucial utilizar palabras amables. Queremos curar a la comunidad, no herirla. Hablamos con sinceridad, pero sin intención de ser destructivos. La meditación de la escucha es una parte importante de la práctica. Cuando nos sentamos entre un círculo de amigos que practican la escucha profunda, nuestras palabras se vuelven más hermosas y más constructivas. Nunca culpamos ni discutimos.

En esta parte final de la ceremonia es crucial la escucha compasiva. Escuchamos los sentimientos de dolor y las dificultades ajenas con la disposición de aliviar el sufrimiento de la otra persona, sin juzgarla ni discutir con ella. Escuchamos con toda la atención puesta en la otra persona. Aunque oigamos algo que no sea cierto, seguimos escuchando profundamente, de manera que la otra persona pueda expresar su dolor y liberar las tensiones que haya en su interior. Si le replicamos o corregimos, la práctica no dará fruto. Debemos limitarnos a escuchar. Si necesitamos decirle a la otra persona que su percepción no es correcta, podemos hacerlo unos días después, en privado y tranquilamente. Luego, en la siguiente sesión del Nuevo Comienzo, puede ser esa persona la que rectifique el error, y no tendremos que decir nada. Concluimos la ceremonia con un cántico, o cogiéndonos todos las manos en el círculo y respirando durante un minuto.

Práctica
Liberación emocional y movimiento físico
(Thay Phap An)

A menudo, cuando meditamos y buscamos las raíces de los disgustos y los apegos superficiales, en un minuto o dos pueden surgir imágenes fuertes de la infancia. Es muy importante que seamos conscientes del comportamiento físico en esos momentos. Nuestro cuerpo puede empezar a temblar y podemos estallar en oleadas de llanto (sollozos que pueden durar unos minutos o incluso más tiempo). La liberación emocional puede sentirse como algo muy curativo, y después de un episodio, podemos sentirnos más ligeros y, con frecuencia, tener intuiciones importantes. Con el tiempo podemos llegar a sentirnos mucho más libres.

Este proceso de liberación del sufrimiento es muy bueno. El llanto y la descarga son muy curativos. Hay que contar con ellos. La primera vez que surge algo, la descarga puede ser de diez en una escala de uno a diez, siendo diez la más fuerte; en la siguiente ocasión será de ocho; luego, de seis, cuatro, tres, dos, uno. Y luego, con la energía descargada, seremos capaces de observar en profundidad y comprender, y ahí es donde nace el verdadero amor. No tendremos ya más ira, y podremos comprender y amar verdaderamente a las personas que tanto nos han herido.

Es importante no quedar atrapado en el proceso de descarga y alivio, ni en el sufrimiento que se revela. Es bueno observar el esquema de cómo surgen las cosas. El proceso tiene que ser natural. La curación verdadera llega con la comprensión verdadera.

Este tipo de energías intensas pueden llegar a impregnar el cuerpo o ciertos órganos: los riñones, el hígado o el corazón; y una vez descargadas, el cuerpo y los órganos quedan muy vulnerables y desequilibrados, así que es importante cuidarlos y hacer cosas que muevan la energía de un lado a otro con algún tipo de ejercicio físico regular, como el tai chi o el qigong, para ayudar a que nuestro cuerpo se cure.

El maestro vietnamita **Thich Nhat Hanh** nació en Hue (Vietnam) y es monje budista, poeta, erudito y activista por los derechos humanos. Es uno de los principales impulsores del budismo zen en Occidente. Fundador de universidades y organizaciones de servicios sociales, en la actualidad vive en Plum Village, una comunidad de meditación en el sur de Francia a la que acuden anualmente cientos de personas para escuchar las enseñanzas del maestro Thich y aprender sus sencillas técnicas de meditación.

Propuesto para el premio Nobel de la Paz, Thich Nhat Hanh es uno de los líderes espirituales más importantes de nuestro tiempo.